Danke Danyel Martz,
für den Sundgauerhof

1

2

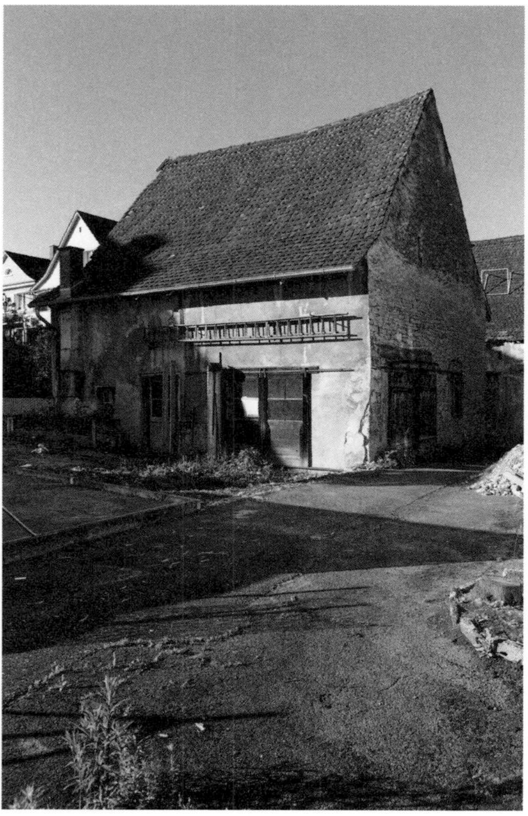
3

4

1 Danyel Martz, Tina Kornfeld, Heinz Burgener vor der unsanierten Scheune, 2013 – *Foto: Balz Stückelberger*

2 Sundgauerhof 2014, Zustand vor der Restaurierung

3 Scheune von Norden

4 Innenhof

Danyel Martz und sein Sundgauerhof

Heinz Burgener, Architekt, Projektleiter

Die Familie Kunz las 2012 im «Wochenblatt» einen Artikel über das umgebaute Restaurant «Adler» und wurde dadurch auf das Wirken von Danyel Martz aufmerksam. Sie fragten ihn, ob er Interesse hätte, den Sundgauerhof zu erwerben. Herr und Frau Kunz waren schnell davon überzeugt, dass Danyel Martz die richtige Person sei, da er die bisher sanierten Gebäude im Arlesheimer Dorfkern erhalten, mit sinnvoller Nutzung versehen und alle Arbeiten mit örtlichen Handwerkern realisiert hatte.

Grund für den Verkauf war eine schwere Erkrankung von Herrn Kunz, der deshalb sicherstellen wollte, dass der Sundgauerhof in gute Hände kommt. Danyel Martz wandte sich an mich und bat mich um meine fachliche Beurteilung. Meine erste Reaktion war ein arges Stirnrunzeln. Die anfängliche Skepsis verflog allerdings nach einer ersten gemeinsamen Besichtigung des alten Gemäuers: Wir waren sofort hell begeistert, da bisher nicht allzuviel saniert worden war und ein Grossteil der alten Bausubstanz noch vorhanden war. Trotzdem habe ich Danyel Martz gewarnt, dass die Kosten dieser Sanierung fast unabsehbar sein könnten, und nannte eine Schätzzahl.

Die Liebe zum Alten

Danyel Martz' Liebe zum Alten – seien es Bilder, Kunstgegenstände und vor allem auch alte Häuser – war so gross, dass er sich zum Kauf des Sundgauerhofs entschloss. Uns war von Anfang an bewusst, dass bei diesem kantonal geschützten Baudenkmal ein spezielles Vorgehen, sowie Experten an Planern und Baufachleuten vonnöten sein würden. So suchten wir den Kontakt zur kantonalen Denkmalpflege, um das Prozedere von Anfang an in die richtigen Bahnen zu lenken. Walter Niederberger (stellvertretender Chef der Kantonalen Denkmalpflege Baselland), war begeistert vom Gebäude und empfahl uns den Architekten Florian Rauch: einen Experten mit Flair und Fachwissen für alte und geschützte Bauten.

Um die Geschichte des Hauses bestmöglich zu erfassen, wurden nebst Recherchen in Grundbuchämtern eine Bestandesaufnahme und dendrologische Altersbestimmungen durchgeführt. Partiell wurden Deckenverkleidungen oder Bodenbretter entfernt, um die Bausubstanz noch besser untersuchen zu können. Fast ein Jahr lang dauerte diese Bestandesaufnahme mit wöchentlichen Sitzungen. Farbuntersuchungen des Restaurators Gregor Mahrer und archäologische Untersuchungen der Kantonsarchäologin Anita Springer brachten immer mehr Details ans Licht. Nach all diesen Untersuchungen und Messungen konnten langsam Überlegungen zur künftigen Nutzung angestellt und die Planung angegangen werden.

Sinnvolle Nutzung

Danyel Martz war es ein grosses Anliegen, eine für das Gebäude, aber auch für den Dorfkern sinnvolle Nutzung zu integrieren. Dies primär mit dem Ziel, den Dorfkern weiter zu beleben. Die Scheunennutzung im offenen Volumen sollte gewerblich werden, da für eine Wohnnutzung zu wenig Tageslicht vorhanden sein würde. Das alte Wohnhaus ist schon lange zweigeteilt mit je einer Wohnung im Erd- und Obergeschoss. Eine Wohnnutzung im Erdgeschoss schien wenig sinnvoll, da alle Räume an die stark befahrene Strasse grenzen. Wir dachten an ein Café, eine Vinothek oder Ähnliches. Das Ober- und Dachgeschoss wollte man hingegen als Wohnung umgestalten.

Mit Tina Kornfeld fand sich die ideale Nutzerin für die Scheune, wo nun fleissig zu Yoga und Pilates geschwitzt wird und die Scheune und der Innenhof an einzelnen Abenden durch ausgesuchte Kulturanlässe belebt und genutzt werden. Im Erdgeschoss des Wohnhauses konnte mit dem Bio-Beck Andreas ein bekanntes Gesicht noch besser im Dorf integriert werden. Schon lange hat er jeden Freitag am Wochenmarkt in Arlesheim einen Stand. Dank Danyel Martz ist er nun täglich im Dorfzentrum präsent, mit eigenem Café und mit lebendiger Hofnutzung.

Der Bezug der neuen Räumlichkeiten war auf Herbst 2014 vereinbart. Private Einsprachen beim Baugesuch verzögerten jedoch den Baubeginn um etwa vier Monate und die Fertigstellung verschob sich ins Jahr 2015. Ab Februar 2015 richteten sich die ersten Mieter ein und realisierten ihren eigenen Ausbau. Leider durfte Danyel Martz die Bauvollendung nicht mehr selbst miterleben. Am 23. Januar 2015 wurde ihm die Erfüllung seiner grossen Vorfreude durch einen Herzstillstand genommen. Er hat sehr viel Gutes für unser Dorf bewirkt.

Danke Danyel Martz, für den Sundgauerhof.

Projektidee: Danyel Martz, Arlesheim
Herausgeber: Jürg Seiberth, Heinz Burgener, Arlesheim
Redaktion: Jürg Seiberth, Arlesheim
Bauherrschaft: Adagio AG, Danyel, Alexander und Michael Martz, Arlesheim
Umschlagfoto: Sundgauerhof restauriert 2015 – Foto: Roland Zumbühl, Arlesheim
Alle Fotos ohne Urheberangabe: Roland Zumbühl, Arlesheim
Gestaltung: Martina Wyss, Basel
Litho: Sturm AG, Muttenz
Korrektorat: Fredy Heller, Basel
Druck: Bloch AG, Arlesheim

ISBN 978-3-9524281-1-5
www.textundmedia.ch

INHALT

1

2

3

1 Wohnhaus, Decke über EG, Aufsicht: freigelegte Balkenlage mit Schubboden. Die sogenannten «Flossaugen» sind erhalten geblieben. – *Foto: Anita Springer*

2 Wohnhaus, OG, ehemaliges Küchenfenster. Nach der Putzentfernung sind zugemauerte, ältere Öffnungen und Mauerflicke zu sehen. – *Foto: Anita Springer*

3 Wohnhaus, Decke über EG, Untersicht in Küche: zur Verbesserung des Brandschutzes verputzte Holzbalken – *Foto: Anita Springer*

4 Vereinfachte Darstellung der Umbauphasen vor 1678 …

5 … und ab dem Umbau von 1678/79 gemäss aktuellem Stand der Untersuchungen – *Illustration: Anita Springer*

ARCHÄOLOGIE

Ein Haus als Geschichtsarchiv

Anita Springer, Leiterin Bauforschung, Archäologie Baselland

Die bauarchäologischen Untersuchungen in den Jahren 2013 und 2014 wurden vor und während den Umbauarbeiten durchgeführt. Sie konzentrierten sich auf das Wohnhaus und vermochten diesem interessante bautechnische Details zu entlocken. Putzabfolgen und Mauerflicke erzählten dem geübten Auge die Reihenfolge von Baumassnahmen und liessen sich zu einer über vierhundert Jahre langen Hausbiographie zusammenfügen.

16. Jahrhundert: Baudatum unbekannt

Einige Geheimnisse wird das alte Gemäuer jedoch auch in Zukunft für sich behalten. So bleibt das genaue Baudatum unbekannt. Es lässt sich aufgrund von Indizien wie dem quadratischen Gebäudegrundriss grob ins 16. Jahrhundert datieren, der Zeit, in der neben Holz- und Fachwerkgebäuden zunehmend Steinhäuser errichtet wurden.

Ursprünglich bestand das Erdgeschoss aus einem einzigen Raum, der weiss gekalkte Wände aufwies. Der Zugang erfolgte durch ein Rundbogentor in der südöstlichen Gebäudeecke, dessen Gewände später als Kellereingang wiederverwendet wurden. Über die damalige Gebäudefunktion gibt es keine Hinweise.

In einem ersten Ausbau halbierte die heute noch bestehende und parallel zur Hauptstrasse verlaufende interne Mauer den Grundriss des Erdgeschosses. Ein darin angelegtes Ofenloch spricht der rückwärtigen Hälfte bereits eine Herdstelle und der Strassenseite einen Ofen zu.

17. Jahrhundert: neue Räume, Balken, Dachstuhl

Der nächste grössere Umbau lässt sich mit Hilfe der Holzdatierung der eichenen Deckenbalken des Erdgeschosses für das Jahr 1603 nachweisen. Es wurden zusätzliche Fenster ausgebrochen. Der strassenseitige Teil wurde spätestens dann unterteilt. Es entstanden ein Eingangsbereich mit Treppe ins Obergeschoss sowie eine Kammer.

In beiden Räumen finden sich heute noch die genuteten Balken mit eingeschobenen Brettern. Die Balken sind auf der Unterseite zur Zierde schräg abgekantet. Auf ihren Oberseiten weisen die Hölzer Paare von Bohrlöchern und Kerben auf – sogenannte Flossaugen, welche für das einstige Herbeiführen des Bauholzes auf dem Wasserweg sprechen. Auch bei den beiden Kellerfenstern der ins Jahr 1697 datierten südlichen Kellerhälfte besitzen die Sturzbretter entsprechende Kerben. Gegenüber den vorderen Wohnräumen war die rückwärtige Gebäudehälfte

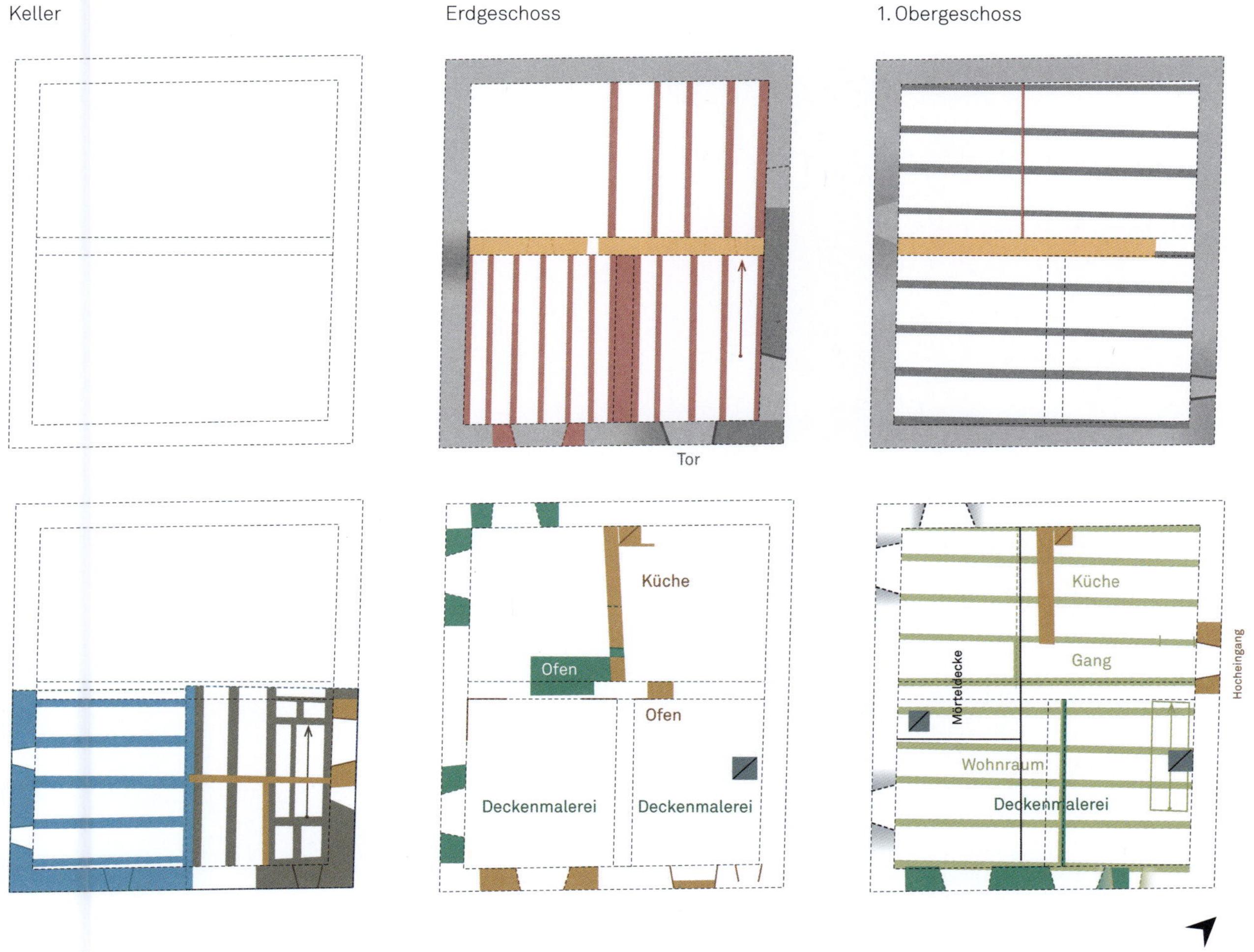

4

5

Kernbau 2. Hälfte 16. Jahrhundert

Innenmauer vor 1603

Innenausbauten 1603

Dach 1678/79 (dendrodatiert, noch bestehend)

Keller Westhälfte 1696/97 (dendrodatiert)

Deckenmalereien ab 1700, Einbau diverser Fenster

Keller Osthälfte vor 1755

Horizontale Gebäudeunterteilung nach 1756

Verschiebung der Herdstellen um 1800 (ev. 1827)

mit grob behauenen Balken und darübergelegten Brettern einfacher gestaltet. Einer der Balken besass sogar ein grosses Astloch, dem man aber keine Beachtung zu schenken schien. Das Obergeschoss war ebenfalls halbiert. Zusätzlich trennte eine Bretter- oder Fachwerkwand im Westen einen Raum ab.

17. Jahrhundert: Dach, Kamin, Verputz
Gegen Ende des 17. Jahrhunderts muss der ursprüngliche Dachstuhl baufällig geworden sein. Das gesamte Dach inklusive Deckenbalken des Obergeschosses wurde nämlich im Jahr 1679 ersetzt und aus den bisher drei, weit auseinanderstehenden Abbünden wurden deren vier. Die Herdstelle blieb weiterhin im Zentrum des Hauses angelegt. Nachweislich erstmals wurde der Rauch durch einen Kamin übers Dach geleitet, weshalb das heute noch bestehende Dachgerüst nicht russgeschwärzt ist. Für zusätzlichen Brandschutz wurden die Deckenbretter und Deckenbalken in der Küche im Erdgeschoss mit Kalkmörtel verputzt. Die Küche und die darüberliegenden Räume wurden rauchfrei und somit wurde die Wohnqualität gesteigert.

18. Jahrhundert: Deckengemälde
Das Obergeschoss beherbergte fortan auf der Strassenseite einen die ganze Gebäudebreite einnehmenden Wohnraum, ab dem Jahr 1700 an Wänden und Decke reich ausgemalt. Auch die bereits etwas älteren Holzdecken des Erdgeschosses wurden herausgeputzt, und die wurmstichigen Bretter kurzerhand grau grundiert und weiss gesprenkelt. Die Datierung eines Kellerbalkens sowie diverse befundbezügliche Überlegungen lassen vermuten, dass 1755 der Kellerteil im Nordwesten erneuert wurde. Der Zugang muss zu dieser Zeit noch intern erfolgt sein.

19. Jahrhundert: zwei Parteien, neue Gebäudestruktur
Frühestens im späteren 18. Jahrhundert und aufgrund der Brandversicherungsakten spätestens 1827 erhielt das Kellergeschoss den aktuellen Eingang von aussen. Die Liegenschaft wurde horizontal unter zwei Parteien aufgeteilt und behielt diese Gebäudestruktur bis zum aktuellen Umbau. Die Teilung hatte das Entfernen der internen Treppen und das hofseitige Anfügen eines Laubenanbaus mit Aussentreppe zur Folge.

1

GESCHICHTE

1816 – 1900
Von Sury, Bellot, Leuthardt

Berit Drechsel, Archivarin

Die bewegte Geschichte des Sundgauerhofs gibt bis heute nur spärlich ihre konkreten Fakten preis. So gab die jetzige Renovation den willkommenen Anlass, gezielt nach neuen schriftlichen Zeugnissen zu suchen. Tatsächlich wird das Gebäude in Arlesheims bewegtester Zeit, den Jahren des Umbruchs nach der Französischen Revolution, im Zusammenhang mit zwei berühmten Persönlichkeiten «aktenkundig»: Sowohl Franz Bellot (ein Zollbeamter) als auch der aus einer bekannten Solothurner Familie stammende Victor von Sury waren nachweislich Eigentümer des Sundgauerhofs.

Franz Bellot und Victor von Sury

Beide Namen sind eng mit der Geschichte prominenter Gebäude im Dorf verknüpft: So trug der heutige Sonnenhof lange Zeit den Namen «Suryhof». Victor von Sury hatte das Gebäude 1828 gekauft, es blieb danach fast 100 Jahre lang in Familienbesitz. Auch der heutige Domhof (Domplatz 12) ging bereits 1818 in den Besitz von Surys über, der zudem 1820 den Bau des Badhofs veranlasste. Franz Bellot wiederum besass und bewohnte vermutlich auch ab 1816 das ehemalige fürstbischöfliche Amtshaus, den späteren Fallerhof (Hofgasse 2). Interessanterweise verkaufte er dieses repräsentative Haus später zusammen mit dem Sundgauerhof an Victor von Sury.

Genauere Auskunft zu den Eigentumsverhältnissen Anfang des 19. Jahrhunderts geben vor allem die Brandlagerbücher im Staatsarchiv Liestal. Sie entstanden, nachdem 1807 im Kanton Basel eine obligatorische Brandversicherung eingeführt worden war. Bis heute sind diese – schon rein physisch teilweise recht imposanten Verzeichnisse – eine wichtige Quelle vor allem zur Rekonstruktion von Eigentümerwechseln. Für Arlesheim liegen ab 1816 erste Aufzeichnungen vor.

Sundgauerhof

Dort findet sich nun der bisher früheste bekannte Eintrag zum Sundgauerhof: Als erster schriftlich festgehaltener Besitzer tritt Franz Bellot in Erscheinung, 1821 gefolgt von Victor von Sury. Auffällig ist, dass Bellot nicht – wie sonst üblich – mit genauem Vor- und Nachnamen notiert wurde. Offenbar war der genannte «Herr Belot» (die ab-

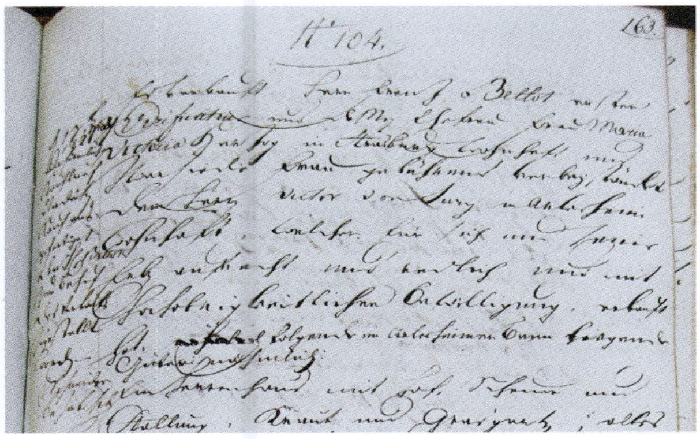

2

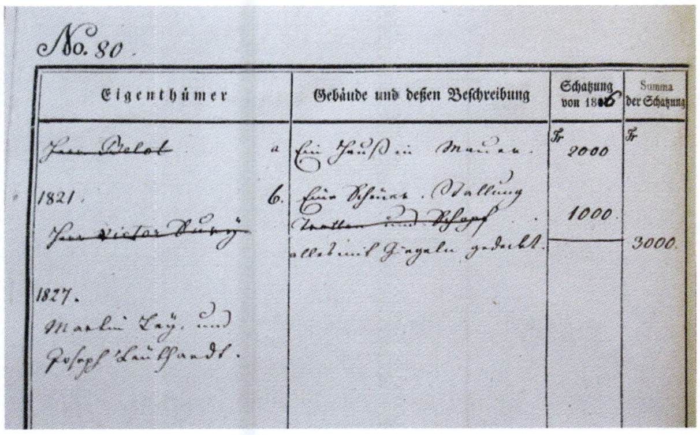

3

4

1 Arlesheim, Hauptstrasse, 1907 *(VR 3317 B05_029d) – Foto: Staatsarchiv BL*
2 Kaufunterlagen im Staatsarchiv BL (BS 4101/192) – *Foto: Berit Drechsel*
3 Brandlagerbuch im Staatsarchiv BL – *Foto: Berit Drechsel*
4 Katasterplan des Geometers Philipp Jakob Siegfried von 1827/28 (KP 50030119) – *Foto: Staatsarchiv BL*

weichende Schreibweise fiel damals weniger ins Gewicht) so bekannt, dass der Kurzeintrag genügte. Dass es sich wirklich um Franz Bellot handelt, bestätigen weitere Verwaltungsunterlagen, die den Verkauf von 1821 dokumentieren. Genannt wird dort neben einem «Herrenhaus» (dem späteren Fallerhof) auch «ein Bauernhaus mit Hof, Scheune, Stallung, Trotte, Kraut- und Grasgarten». Die angefügte Lagebeschreibung spricht eindeutig für den späteren Sundgauerhof. Untermauert wird dies noch durch den Katasterplan des Geometers Philipp Jakob Siegfried von 1827/28. Damals lag der Hof noch zwischen zwei Verkehrswegen: auf der einen Seite die «Neue Strasse» (die heutige Hauptstrasse), auf der anderen die «Strasse von Basel».

Vom Zimmermann bis zum Gemeindepräsidenten

Bereits 1827 kommt der Sundgauerhof erneut in andere Hände, 1834 gibt es sogar einen Tausch mit der Nachbarliegenschaft. Ab dieser Zeit sind nun alle Eigentümer, Hausteilungen und Erbschaften fast lückenlos nachvollziehbar. Die Besitzer (fast alle mit Namen Leuthardt) liefern ein lebendiges Bild der Dorfgeschichte. Das Spektrum der Hausherren reicht vom Zimmermann bis zum Gemeindepräsidenten.

Indiz für fürstbischöfliche Vergangenheit

Konsultiert man abschliessend Notariatsakten zwischen 1793 und 1815, so fällt auf, dass Victor von Sury und teilweise auch Mitglieder der Familie Bellot in grossem Umfang Häuser und vor allem Grundstücke im Dorf kauften und verkauften. Über Motive und Umstände lässt sich spekulieren. Im Zusammenhang mit dem Sundgauerhof liefern diese Vorgänge aber ein Indiz für die zu vermutende fürstbischöfliche Vergangenheit des Gebäudes: Immerhin standen damals vor allem die verstaatlichten ehemaligen Güter des Fürstbistums beziehungsweise des Domkapitels zum Verkauf. Für frühere Zeiten gibt es bis heute noch keine gesicherten Erkenntnisse, aber durchaus Anhaltspunkte für weitere Recherchen. So bewahrt der Sundgauerhof noch ein Stück seiner Geschichte als Geheimnis, das auch in Zukunft auf spannende Entdeckungen hoffen lässt.

1

2

1 Zeichnung von Baptiste Kunz, 1979

2 Deckengemälde von Baptiste Kunz nach Ideen seines Vaters, 1986

3 Grossvater Friedrich Kunz und Hund Maggie vor dem Haus H43 – *Foto: Familie Kunz*

Familie Kunz: unsere Jahre an der H43

Baptiste Kunz (BK), Rébecca Kunz (RK), Eva Kilcher-Kunz (EK), David Kunz (DK)

BK Im Sommer 1967 zogen wir als sechsköpfige Familie an die Hauptstrasse 43. DK Für uns vier Geschwister brach eine neue Zeit an, in einem Haus im Herzen von Arlesheim. Am ersten Morgen sassen wir am Küchentisch, assen unser Frühstück und die Sonne schien durchs Küchenfenster. BK Im Norden war der grosse Garten der Schwestern Schmieder («Jo, mr wei luege ...»). Im Osten war der Coiffeur-Salon Langenbach («Willsch no e bitz Pommade druff?»), im Süden das Schaufenster der Drogerie Spyrig. Dort kaufte ich für Mutter zu Weihnachten Lindenblütenhonig, dort erstand ich meine erste Kodak Instamatic 25. Im Westen zog uns das Chalet-Kiöskli von Frau Ledig magisch an: Zeitschriften, Süssigkeiten, Blumen, Gemüse. Eines Tages wurde der ganze Kiosk auf eine Ladefläche gehievt und abtransportiert. Wir lebten mitten im Dorf, sahen bis zur Tramstation, der Hauptstrasse entlang bis zur Bäckerei Fleury und die Eremitagestrasse hoch bis zum Ochsen. Ins Domplatzschulhaus hatte ich drei Minuten, zum Tram eine.

Der erste Stock: die Grosseltern

RK Wir lebten im Erdgeschoss, die geliebten Grosseltern über uns. BK Dort wohnten sie bis zu ihrem Tod 1982 und 1984. Beide wurden 75. RK In ihrer Stube mit der Standuhr und dem grossen Tisch, den verschiedenen Illustrierten und dem Citro oder dem Pfefferminztee fühlte ich mich stets willkommen und wohl. BK Von Grossvater habe ich viele Witze in Erinnerung und gemeinsame Stunden im Garten, auf der Bank vor dem Haus oder in der total verrauchten Stube. Seine Marke: «Virginia» ohne Filter. Ich besitze noch ein Päckchen aus seinem Nachlass. Die Grossmutter war eine passionierte Sammlerin (Knöpfe, Fadenspüeli, Stoffmuster, Schokoladen, Taschentücher, Kassenbons ...). Ihre Sonntagsbraten aus dem eigenen Garten (Huhn und Chüngel) waren legendär. Ihre Schenkeli an Weihnachten auch. Sie zauberte sie erst hervor, wenn wir von den vier Klassikern voll waren (Brunsli, Zimetstärne, Mailänderli und Änisgutzi). Ich verwende noch heute ihr Rezept. EK Die Laube im ersten Stock war unser geheimes Versteck, von wo aus wir die Leute beobachten konnten. Im Winter legten wir uns ein Depot von Schneebällen an, um sie dann auf die Autos zu werfen.

Das Erdgeschoss: vier Geschwister in zwei Zimmern

RK Wir vier Geschwister mussten zwei kleine Zimmer teilen. Das war eng. Schon damals witterte ich das Potenzial dieses Hauses, des ältesten im Dorf, wie uns gesagt wurde. Häufig tigerte ich in den weitläufigen Estrichräumen herum, suchte (und fand!) Schätze und stellte mir vor, wie ich diese Räume ausbauen, einrichten und darin wohnen würde. Inzwischen sind im Erdgeschoss Wände gefallen und neuer Raum ist entstanden. Hier wird nun Kaffee ge-

3

trunken und Kuchen gegessen. BK – Ach ja: Das Deckengemälde habe ich nach Ideen meines Vaters angefertigt, als Gegenleistung für ein Ehebett aus massivem Tannenholz. Gefertigt in der Schreinerei in der Scheune. Wenn er wieder einmal in seinem Element war und die Hobelmaschine nach 22 Uhr lief, klopften die Schwestern Schmieder ans hintere Tor und baten um Ruhe.

Die Scheune: Vaters Butik

Es war die Zeit, als ich mit zehn Jahren für Vater problemlos Zigaretten holen konnte: «Française maïs» ohne Filter, mit gelbem Papier. Er hatte sich etwa 1968 als Schreiner selbstständig gemacht. Einer unserer Vorfahren war Wagner und hatte sich schon vor 100 Jahren im ehemaligen Ökonomiegebäude eine Werkstatt eingerichtet. Wir nannten sie unsere «Butik», lange bevor wir das Wort «Boutique» zum ersten Mal hörten. EK Das Auskundschaften der alten Scheune war für mich, damals gerade acht Jahre alt, interessant, aber auch gefährlich, was ich an einem Samstagabend beim Spielen auf der alten Heupresse erfahren musste. Mein kleiner Finger ist seither kurz und krumm.

Der Hof: ein Fussballfeld

BK Die Hauptstrasse war ursprünglich auf der anderen Seite von Haus und Scheune, und der kleine Hof war von der Strasse abgewandt. DK Über dem ehemaligen «Saustall» hatte ich eine «Hütte», in der ich meine Stein- und Kristallsammlung aufbewahrte und in warmen Sommernächten oft übernachtete. BK Man sagt, es hätte nie ein Blitz eingeschlagen, trotz fehlendem Blitzableiter. Es war für mich das schönste Scheunentor, an dem ich jede Rille kannte. EK Das «Schüüredoor» war auch das Goal und mein Bruder knallte mir den Ball nur so um die Ohren. Einmal gab es einen Malwettbewerb. Thema: Typisches aus Arlesheim. Ich malte unser Scheunentor und gewann zwanzig Franken. BK Es gab kein fliessend warmes Wasser in unserer Wohnung und die Toilette war im Anbau untergebracht; DK wenn wir mussten, mussten wir ums Eck huschen. Am Sonntagmorgen, noch im Pyjama, schauten wir immer zuerst, ob Leute vorbeigehen, die uns sehen könnten. Oft habe ich meine Freunde um den Komfort in ihren Wohnungen beneidet. Aber alle Freunde kamen immer gern zu uns. So merkte ich, dass eigentlich ich zu beneiden war, der ich in so einem alten Haus wohnen durfte. Ich habe dieses Haus geliebt und liebe es heute noch.

BK In diesem Haus wurde viel gelacht und gezankt, musiziert und gelesen, gekocht und gegessen. So wird es wohl auch weitergehen!

Sechs Grundsätze

Walter Niederberger, stellvertretender Leiter Kantonale Denkmalpflege Baselland

Baudenkmäler sind ein wichtiger Bestandteil des kulturellen Erbes. Sie sind Zeugen für das Leben und Wirken der Menschen. Ebenso stellen sie unersetzbare Informationsquellen dar hinsichtlich der geschichtlichen Entwicklung von Handwerk, Technik und Kunst. Denkmäler erfüllen damit eine wichtige öffentliche Aufgabe. In ihnen sind Informationen aus dem Leben vergangener Gesellschaften in besonderer Dichte und Vielfalt gespeichert.

Der Zeugniswert der Denkmäler ist bestimmt durch ihre historische Substanz. Denkmalschutz heisst deshalb in erster Linie Substanzschutz. An der Substanz haften die Spuren der menschlichen Tätigkeit. Sie macht die Authentizität des Denkmals aus.

Das Spektrum der Baudenkmäler deckt alle Baugattungen ab. Nicht nur ein Dom, auch bescheidenere Werke wie der Sundgauerhof, die im Lauf der Zeit eine kulturelle Bedeutung erlangt haben, sind es Wert, zum Denkmal zu werden. Doch wie ist mit einem Denkmal konkret umzugehen, wenn der Eigentümer einen Umbau und eine Umnutzung beabsichtigt? Im Folgenden sind sechs der wichtigsten denkmalpflegerischen Grundsätze festgehalten und ihre Auswirkungen bei der Sanierung des Sundgauerhofs aufgeführt.

Substanzerhaltung

Nur das Original enthält die umfassende historische Information. Nicht nur die Substanz der Erbauungszeit ist schützenswert, sondern auch alle späteren Veränderungen sind es, die wichtig sind für das Verständnis der Geschichte des Objekts.

Im Sundgauerhof ist die kunsthistorisch bedeutendste Phase jene des Saaleinbaus mit der bemalten Decke. Nicht nur sie ist erhaltenswert, sondern auch das Deckenbild im Erdgeschoss aus den 1960er-Jahren oder die dunkel gehaltene Decke des Erdgeschosses.

Alter und Andersartigkeit als Merkmale

Baudenkmäler sind Unikate, das heisst einmalig und nicht reproduzierbar. Ihre Bedeutung liegt in ihrer Authentizität, ihrer nachweislich «erlebten» Geschichte. Aufgrund ihres Alters kommt Baudenkmälern die besondere Rolle von kollektiven Erinnerungsträgern zu. Die Andersartigkeit des Denkmals soll erhalten bleiben, einschliesslich seiner Alters-, Gebrauchs- und Veränderungsspuren.

Der Sundgauerhof weist eine vielfältige und wechselvolle Geschichte auf. Vom einfachen Bauernhaus des 17. Jahrhunderts, von der vermuteten Nutzung als Domherrenhaus, vom Umbau zum Zweifamilienhaus, von der ursprünglichen Scheune und ihrer späteren Umnutzung zur Schreinerei, von all diesen Phasen sind deutlich ablesbare Spuren erhalten geblieben, zu denen nun eine neue Zeitschicht dazukommt.

Reparatur- und Pflegefähigkeit

Der Grundsatz der Substanzerhaltung schliesst Reparaturen keineswegs aus, im Gegenteil. Sie sind die Garanten für das Fortbestehen. Traditionelle Baustoffe und historische Techniken erleichterten die Reparaturen.

Im Sundgauerhof wurden die Fenstergewände aus Naturstein mit einem mineralischen Mörtel repariert, der Dachstuhl wurde in der handwerklichen Tradition der Zimmerarbeit geflickt. Beide Baudetails konnten so weitestgehend erhalten bleiben.

Reversibilität

Eingriffe sind auf ein Höchstmass an Reversibilität auszurichten. Neue Elemente sollten schadlos wieder ausgebaut werden können. Der neue Einbau in der Scheune des Sundgauerhofs, der die zeitgemässe Nutzung als Raum für Körpertraining ermöglicht, kann ohne Schaden am Denkmal wieder entfernt werden.

Angemessenheit und der kleinstmögliche Eingriff

An- und Umbauten sind auch bei Baudenkmälern möglich, wohl aber eingeschränkt. Das neue Bauelement soll nach Grösse und architektonischem Ausdruck dem Bestand angemessen sein. Bauteile wie Dach, Türen oder Fenster sollten nicht ohne Not erneuert werden.

Im Sundgauerhof konnte durch die angemessenen neuen Nutzungen weitestgehend auf Eingriffe in die Substanz verzichtet werden. Nur eine Türverbreiterung im Obergeschoss und das neue Fenster in der Scheune waren nötig, um diese zeitgemässen Nutzungen zu ermöglichen. Die meisten Baudetails wie zum Beispiel die profilierten Türblätter und die handgemachten Biberschwanzziegel sind erhalten. Der neue Zwischenbau mit seiner zurückhaltenden Architektursprache ordnet sich unter und wird so zu einem Teil des Ensembles.

Addition statt Ersatz

Neue Ansprüche lassen sich grundsätzlich auf zweierlei Weise umsetzen: durch Ersatz oder durch Addition. Um die historische Bausubstanz so wenig wie möglich zu schmälern, sollte die Addition immer Vorrang haben. Sie garantiert auch die Erkennbarkeit der Massnahme als neue Zutat und Zeitschicht.

Im Sundgauerhof führen die neuen Vorfenster einerseits zur erwünschten energetischen Verbesserung und ermöglichen andererseits, dass die alten, einfach verglasten Fenster – im Baselbiet ein unterdessen sehr sel-

1

1 Wohnhaus, Stube im EG mit erhaltenem Deckengemälde und nach Originalbefund wieder hergestelltem Kassettentäfer

2 Renovierter Scheunentorflügel mit neuem Widerlager – *Foto: Florian Rauch*

2

ten gewordenes Bauelement – erhalten werden konnten. Der Sundgauerhof ist dank der hervorragenden Sanierung zu einem Vorzeigeprojekt der Denkmalpflege geworden. Die historisch relevante Substanz konnte weitestgehend erhalten werden. Dennoch ist eine zeitgemässe Nutzung möglich. Auch das Ortsbild hat eine deutliche Aufwertung erhalten. Dafür gebührt dem Architekten und besonders dem Bauherrn unser herzlicher Dank. Sie waren beide bereit, sich intensiv mit der Baugeschichte und den denkmalpflegerischen Anforderungen auseinanderzusetzen und darauf einzugehen.

1

2

1 Sundgauerhof 2015
2 Sundgauerhof 2009 – *Foto: Paul Menz*

Weiterbauen

Florian Fauch, Architekt, Dipl. Ing. arch. TH SIA, bau kultur landschaft

Am Anfang der Arbeit stand eine verformungsgerechte Bestandsaufnahme von Wohnhaus, Zwischenbau und Scheune. Die intensive Arbeit im Haus – zusammen mit dem Geometer – ist ein Erkenntnisprozess, an dessen Ende nicht nur ein detaillierter Plansatz mit Grundrissen, Ansichten und Schnitten des Gebäudes vorliegt. Es entsteht dabei weitaus mehr.

Bestandsaufnahme – eine wichtige Grundlage

Im akribischen Erfassen der Baustruktur teilen sich dem Fachmann viele wichtige Informationen und Hinweise für den späteren Entwurfsprozess mit:

- präzise Aussagen zum konstruktiven Gefüge
- Materialisierung
- das statische System
- Erkennen und Abgrenzen verschiedener Bauepochen
- Erhaltungs- und Schadenszustände

Die hier angewandte Vermessungsmethode fusste sowohl auf moderner digitaler tachymetrischer Vermessungstechnik als auch auf Aufmassmethoden der alten Schule mit Messwerkzeugen wie Doppelmeter, Massband, Wasserwaage und Lot. Die in der Baustruktur enthaltenen Informationen wurden direkt vor Ort sortiert, ausgewertet, interpretiert und im Computer erfasst. Bei Fragen und Unstimmigkeiten konnte sofort die tatsächliche Situation überprüft werden. Da man bei dieser Arbeit viel Zeit am und im Gebäude verbringt, erschliessen sich dem Architekten ganz nebenbei sehr wichtige Zusammenhänge: Von wo kommt der Wind, wie steht die Sonne, was passiert auf der Strasse und so weiter.

Konzept: weiterbauen

Die Erforschung des Sundgauerhofs legt als Ergebnis eine bewegte Baugeschichte offen. Die baulichen Veränderungen sind ein Beleg für die sich stetig wandelnden Nutzungsformen in den letzten 400 Jahren.

Ein anfangs vermutlich landwirtschaftlich genutztes Gebäude, das wohl um 1600 entsteht, erfährt im Jahre 1678/79 eine massive Aufwertung, die wahrscheinlich in Zusammenhang mit der Erhebung Arlesheims zum Sitz des Basler Domkapitels steht. In der Folge entsteht die reiche Deckenausmalung des Saals. Der Mangel an Lagerfläche führt zu einer nachträglichen Unterkellerung. Irgendwann wird dann die repräsentative Nutzung durch die Domherren aufgegeben und das Wohnhaus horizontal geteilt. Um die obere Einheit erschliessen zu können, wird die innere Treppe aufgegeben und in der Folge die Errichtung einer äusseren Laube notwendig.

Ein komplett neues, zusätzliches Gebäude entsteht 1805/06 mit dem Bau der Scheune. Später dann erfolgt ein Umbau der Scheune zu einer Werkstatt. Zwischen Wohnhaus und Scheune entwickelt sich entlang der Hofrückwand ein Zwischenbau. An diesem wird immer wieder intensiv erweitert, abgebrochen und geflickt. Nun reiht sich in den Jahren 2014/15 ganz selbstverständlich ein erneuter Nutzungswandel mit Bautätigkeit in diese Reihe ein: Im Erdgeschoss des Wohnhauses entsteht ein Bio-Beck-Verkaufslokal mit Café und Lagerräumen im Keller, im Obergeschoss und im frisch ausgebauten Dachgeschoss eine Maisonette-Wohnung. Die Werkstatt-Scheune wird zu einem Studio für Körpertraining umgebaut. Der Zwischenbau nimmt neu Sanitärräume auf, die vom Beck und von der Mieterin der Scheune gemeinsam genutzt werden.

Versucht man, die grösseren, gestaltprägenden Umbauten am Sundgauerhof in den letzten 400 Jahren voneinander abzugrenzen, kommt man auf sieben Phasen stärkerer Veränderungen und Eingriffe – die kleineren Anpassungen gar nicht mitgezählt. Jede Überformungsphase hatte ihren selbstverständlichen Umgang mit der Bausubstanz gefunden. Aus jeder Phase sind Bauteile erhalten geblieben, jede Phase hat aber auch Neues hinzugefügt, Bestehendes angepasst und teilweise auch zerstört. So ist eine Schichtung verschiedenster Epochen entstanden.

Die Eingriffe im Zuge der jüngsten Bauarbeiten 2014/15 bilden die achte Zeitschicht und knüpfen in Kontinuität an den Prozess des Umgestaltens der vorausgegangenen sieben Zeitschichten an. Pragmatisch und selbstverständlich sich einordnend, aber auch selbstbewusst. Das historisch Gewachsene nicht ins Sakrale verklärend, einfach im Respekt vor dem Vorgefundenen und Brauchbaren. Alles sorgfältig gestaltet.

Verträgliches Nutzungs- und Energiekonzept

Die Tatsache, dass die zukünftigen Gebäudenutzer früh gesucht und gefunden wurden, ermöglichte die Entwicklung eines passenden Nutzungskonzeptes. In Respekt vor der Bausubstanz wurden jedoch Nutzungsformen gesucht, die strukturell mit dem Bestand vereinbar waren und keine Eingriffe erforderten, die übermässige substanzielle Anpassungen notwendig gemacht hätten.

Dies führte zur Entscheidung, im Erdgeschoss des Wohnhauses die Funktion des Wohnens zugunsten einer gewerblichen Nutzung aufzugeben und die Wohnnutzung mit mehr Abstand vom bewegten Strassenleben ins Obergeschoss zu verlegen. Um zu einem brauchbaren, angemessenen Zuschnitt dieser speziellen Wohnung mit dem prächtigen Saal zu gelangen, wurde entschieden, das Dachgeschoss auszubauen.

Für die Scheune war eine Nutzungsform zu finden, bei der dieses Gebäude nicht in mehrere verschiedene Einheiten zu unterteilen war. Dies hätte komplizierte Eingriffe in brand- und schallschutztechnischer Hinsicht erfordert. Zudem wären der Einbau eines Treppenhauses und die Belichtung des Dachgeschosses schwierig zu lösende Anforderungen gewesen. Aus denkmalpflegerischen Gründen sollte bei der Scheune auf Belichtungsöffnungen in der Dachfläche verzichtet werden.

Eine für das Projekt elementar wichtige Entscheidung war schliesslich, die zur Erfüllung des Raumprogramms notwendigen Technik- und Lagerräume unterirdisch unter dem ehemaligen Gemüsegarten anzuordnen und nicht als Anbauten an die denkmalgeschützten Häuser. In Zukunft werden die zwei Gebäude des Sundgauerhofs und die Nachbarliegenschaft Ermitagestrasse 15, die an den unterirdischen Technikraum andocken, mittels Erdwärme durch ein kleines Nahwärmenetz versorgt.

Obwohl das Bauensemble als kantonales Schutzobjekt im Bereich der Bestandsbauteile von den gesetzlichen energetischen Anforderungen praktisch befreit ist, wurde in Zusammenarbeit mit dem Amt für Umwelt und Energie das Potential für eine energetische Verbesserung untersucht. So wurden die bestehenden einfachverglasten, geschützten Fenster mit einem Vorfenster versehen. Vor allem bei Neubauteilen wie Fenster und Türen, Bodenaufbauten gegen Keller und Erdreich und im Bereich des neuen Putzes der Scheune wurden massgebliche energetische Verbesserungen erzielt. Die Dämmmassnahmen am Dach sollten nach dem Willen der Denkmalpflege nicht zu einer übermässigen Dachaufbau-Erhöhung führen und gleichzeitig sollte von innen die Dachkonstruktion verständlich sichtbar bleiben.

Nutzungskonzept und Ortsbild

Ursprünglich waren die historischen Nutzungen Wohnen und Wirtschaften zwei separaten Baukörpern zugeordnet, angeordnet an einem an der Hauptstrasse liegenden Innenhof. Von dieser spezifischen Baukörpersetzung rührt wahrscheinlich auch der Name «Sundgauerhof» her, denn dieses typologische Muster ist uns aus dem nahen Sundgau bekannt. Hier vor allem von den an der Strasse aufgereihten langen Strassendörfern mit ihren hölzernen, ausgefachten Bauten mit den charakteristischen Höfen. Wahrscheinlich ist die Stellung der Gebäude bei diesem Arlesheimer Bauernhof aber weniger eine bewusst gewählte Typologie, als vielmehr eine nach und nach gewachsene und erweiterte Struktur, die sich entlang der Strasse aufreihte.

Im Zuge der Sanierung wurde die Chance zu einer Aufwertung des Ortsbildes in diesem Teil von Arlesheim genutzt: Der desolate Zwischenbau wurde bis auf die massive Rückwand, die nahtlos in den nordwestlichen Scheunengiebel übergeht, abgebrochen. Damit erhielten die beiden Hausvolumen von Scheune und Wohnhaus ihre klar geschnittene Gebäudegeometrie zurück. Diese war verloren gegangen, als irgendwann das Zwischenbaudach errichtet worden war und die Traufen der beiden Häuser zerschnitt. Dies führte nicht nur gestalterisch zu einer Beeinträchtigung, sondern dieser Punkt war in der Folge auch ein Herd von Bauschäden und Fäulnis. Jetzt stehen sie wieder da, die beiden Häuser, fest auf dem Bo-

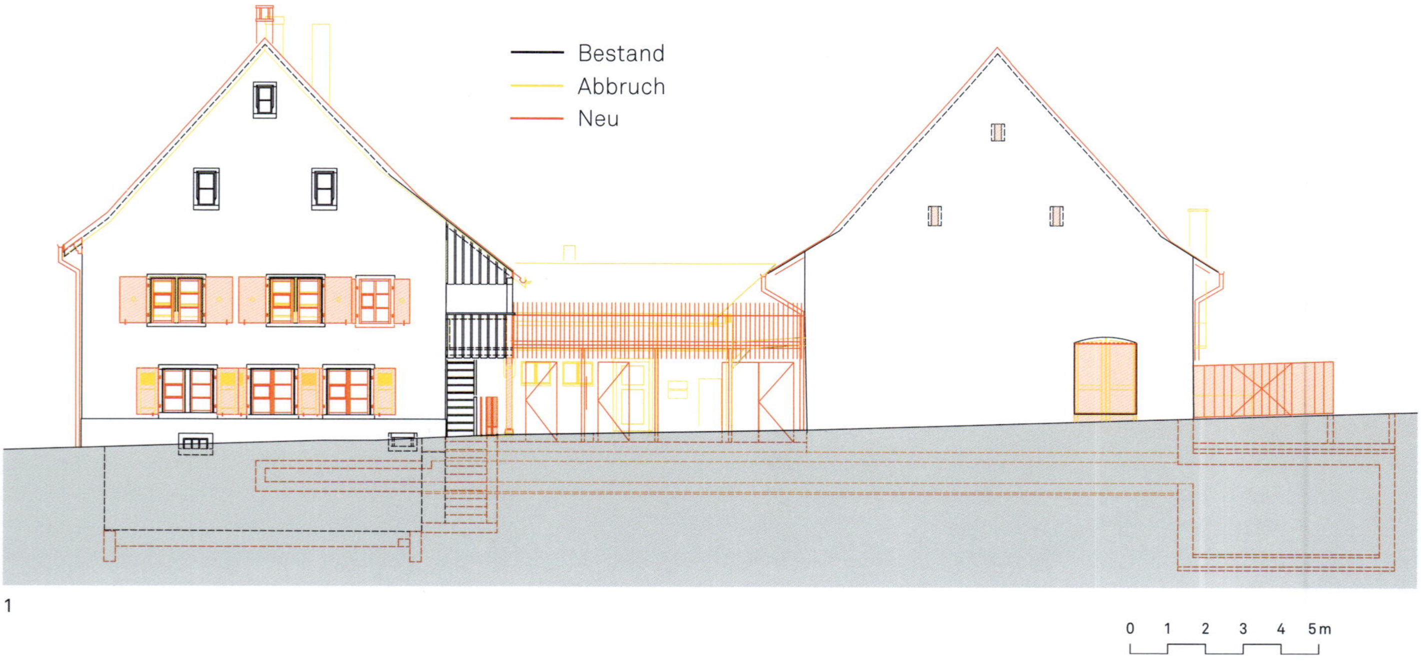

1

den, fast wie Häuser einer Kinderzeichnung: Wand, Fenster, Dach, Kamin, bunte Fensterläden. Deswegen mögen sie uns so vertraut erscheinen.

Drei Dachgiebel

Der neu errichtete Zwischenbau lehnt sich an die alte, bestehende, massive Bruchsteinwand an, gibt nun aber den Blick frei auf den Giebel des Hauses Ermitagestrasse 13. Dieses steht in zweiter Reihe hinter dem Sundgauerhof. Zusammen bilden die drei Gebäude eine reizvolle Gruppe aus versetzt zueinander gereihten, gemauerten Giebeln. Der dritte, hintere Giebel wird so neu zum präsenten Bestandteil des Innenhofs. Zusammen mit der hölzernen Laubenfassade des Wohnhauses, der Bretterfassade mit dem Rankgerüst für den Wilden Wein am Zwischenbau, der Scheunenfassade mit Torbogen und dem aufwändig restaurierten Scheunentor sowie dem Kopfsteinpflasterbelag ist ein dörflicher Aussenraum mit hoher Qualität entstanden. Der Zwischenbau ist eine funktionale Holzkonstruktion unserer Zeit. Er integriert sich, weil seine Materialisierung und die Dimensionierung seiner Einzelteile sich am Alten orientieren. Das Geländer ist nicht nur Absturzsicherung der an die Stelle des Zwischenbausatteldachs getretenen Dachterrasse, sondern gleichzeitig auch Rankgerüst für Sichtschutz gewährende Pflanzen. In seinen Stützen findet auch die Dachentwässerung statt.

Der Sundgauerhof erscheint dem schnell Passierenden als gewöhnliches, ehemals bäuerlich genutztes kleines Gehöft. Welch abwechslungsreiche Geschichte es in sich birgt, offenbart sich erst auf den zweiten Blick. Betrachtet man die Fassade des Wohnhauses in Ruhe, kann man eine Menge von Informationen ablesen. Auf der einen Gebäudeseite hat sich am Haus ein bescheiden repräsentativer Charakter herausgebildet, der auf die ehemalige Funktion als mutmasslicher Sitz der Domherren hindeutet, auf der anderen Seite ist die profane Nutzung als ehemaliges Bauernhaus lesbar.

Die repräsentative Seite

Die auskragenden Dachbalken am Wohnhaus waren wahrscheinlich aufgrund ihres schlechten Erhaltungszustands im Laufe der Reparaturgeschichte des Wohnhauses irgendwann abgesägt und eingemauert worden. Dadurch ging ein prägendes Baudetail verloren. Bei der jetzt durchgeführten Sanierung wurden die Dachbalken nicht einfach wieder angeflickt. Dies wäre eine kostspielige Reparatur geworden und ohne die Zerstörung der originalen Wandmalereien im Gebäudeinneren nicht möglich gewesen. An ihren Stirnseiten wurde stattdessen ein profilierter, gesimsartiger Abschluss angefügt. Dieses Detail entstand als freie Interpretation ohne Grundlage eines historischen Befundes. Einfach aus dem Bedürfnis heraus, nicht nur ein technisch-statisch funktionierendes Trauf-Auflager für die Aufschieblinge auszubilden, sondern einfach auch, um dem Haus auf der dem Dom zugewandten Seite einen repräsentativeren Charakter zu verleihen.

Ein weiteres wichtiges Detail, welches über die Bedeutung eines Bauernhauses hinausweist, sind die steinmetzmässig wertvoll gearbeiteten Fenstergewände des Saals im Obergeschoss. Diese treten im sanierten Zustand wieder angemessen in Erscheinung, weil die neuen Vorfenster weiter in die Fensternische hineingesetzt wurden.

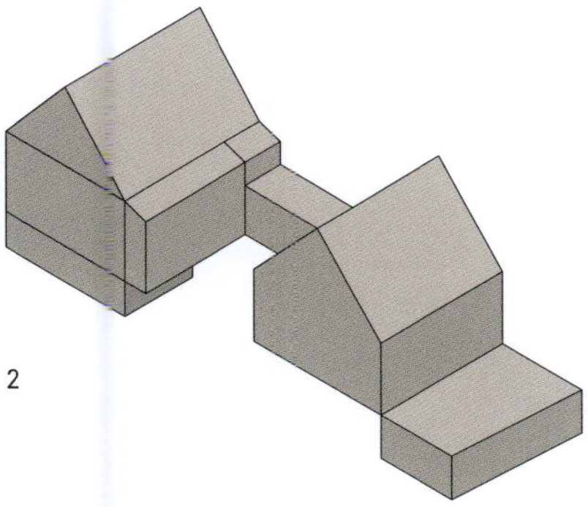

2

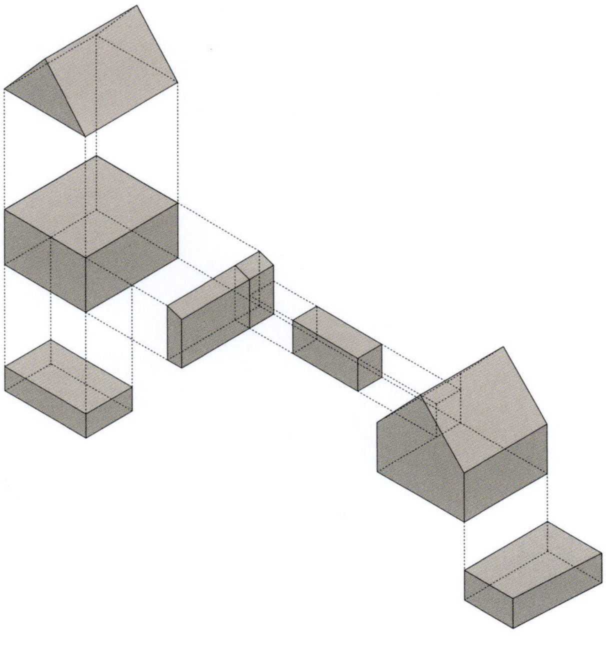

1 Ansicht Südost, Hauptstrasse – *Grafik: Florian Rauch*

2 Isometrische Darstellung der unterschiedlichen Hauptbauphasen der bewegten Hausgeschichte – *Grafik: Florian Rauch*

Zu Innenhof, Zwischenbau und Scheune hin tritt das Wohnhaus mehr als Bauernhaus in Erscheinung. Die hölzerne Laubenbrüstung setzt sich in der Holzverschalung des Zwischenbaus fort und führt das Auge so zur Scheune, die neben dem verputzten Mauerwerk stark vom Werkstoff Holz geprägt ist.

Materialkonzept

Die farblich gefassten Fenstergewände und Fensterläden in der Fassade und die Deckenmalereien im Erd- und Obergeschoss im Inneren des Wohnhauses prägen den Sundgauerhof. Eine massgeblich mitentscheidende Ursache aber, wieso uns diese Baugruppe so stark anspricht und berührt, liegt nicht in den durch Farbe veredelten Oberflächen, sondern in der Erscheinung der verwendeten Baumaterialien und ihrer ästhetischen Eigenschaften selbst begründet: Kalkstein, teilweise in grosser Dimension im Mauerwerk verbaut, beziehungsweise als steinmetzmässig bearbeitete, scharierte Werkstücke in der Fassade. Oder Kalkstein in seiner Kleindimension als Sandzuschlag im Putz. Gebrannter Ton, rohes Schmiedeeisen und natürlich behauenes, gesägtes oder gehobeltes Holz.

Ein wichtiges Bekenntnis bei der Sanierung war das Festhalten an diesem vorgefundenen Materialkanon und die Bemühung, die sich heute stellenden baulichen Anforderungen möglichst weitgehend mit Materialien aus diesem Fundus zu lösen. Am bestehenden Material mittels reparierender Techniken, an komplett neuen Partien mit dem vorgefundenen Material, aber in zeitgenössischer Verarbeitungstechnik.

So erklärt sich zum Beispiel,

- dass im verbauten Beton nicht wie sonst üblich gewaschener Rheinkies und Grauzement eingesetzt wurde. Der verwendete Zuschlagsstoff ist gebrochener Jurakalkstein und Sand sowie Weisszement, die Oberfläche ist mit der Maschine gestockt;
- dass Stahlteile im Gebäudeinneren durchwegs roh belassen und lediglich gegen das Ansetzen von Flugrost mit Balistol geölt sind;
- dass neue Stahlteile im Aussenbereich in einem Dunkelbronzefarbton gehalten sind, der diese wie gerostetes Eisen optisch integriert;
- dass die Aussenputze von Wohnhaus und Scheune nicht gestrichen sind, sondern dass hier die Eigenschaften, Oberflächen und Farben des Materials Putz voll zum Tragen kommen;
- dass die reparierten hölzernen Partien in den Dachkonstruktionen sowie die neuen Wandverschalungen mit frischem, maschinengehobeltem Holz ausgeführt wurden.

Der Keller und das Erdgeschoss

Die Bauuntersuchung hat ergeben, dass der Keller des Wohnhauses erst nachträglich entstanden sein muss. Merkwürdig ist dabei, dass auf die Weiterführung der Aussenwände bis auf das Niveau des Kellerbodens verzichtet wurde. Der Keller ist einfach ein Loch im Boden, seine Wände abgestochenes Erdreich. Laut Ingenieur funktioniert diese Konstruktion aufgrund der hohen Tragfähigkeit des Baugrundes – verbunden aber mit dem Hinweis: So etwas auf keinen Fall zuhause nachmachen! Der ursprüngliche Wohnhauseingang im Erdgeschoss war wohl nicht am Innenhof, sondern an der Hauptstrasse gelegen. Die einstige Türöffnung ist heute teilweise zugemauert und nur noch ein Fenster. Der ehemalige Hausbewohner Urs Kunz erinnerte sich, dass seine Vorfahren erzählt hatten, dass das wertvoll gearbeitete Rundbogen-Kellertürgewände einst an der Hauptstrassenfassade verbaut war und erst später im Zuge der Erstellung eines neuen Kellerabgangs ein Geschoss nach unten versetzt worden war. Das erklärt auch die Ausgestaltung der dort eingebauten Eichenholztüre: Kerbschnitzereien, geschmiedeter Türklopfer und Ziehknopf, massives Schloss – wahrscheinlich hat sich hier die alte Eingangstüre des Sundgauerhofs erhalten!

Eine Reaktivierung der Türöffnung an der alten Stelle an der Hauptstrasse als Zugang zum Erdgeschoss wurde eingehend geprüft, schliesslich aber verworfen: Das Strassenniveau der Hauptstrasse ist mittlerweile derart angestiegen (heute sehr anschaulich ablesbar im Bereich der Kellerfenster), dass man hier heute nur ins Haus kommt, wenn man sich beim Eintreten den Kopf anschlägt, bei gleichzeitigem Herabstolpern von einer Stufe.

Attraktiver Innenhof

Aus dieser Erkenntnis heraus wurde für den Erdgeschosseingang auf der Hofseite eine neue Öffnung in der Aussenwand geschaffen. So wird man eingeladen, den Hof zu betreten und auch zu nutzen. In der warmen Jahreszeit lädt die Bestuhlung des Cafés zum Verweilen ein. Das bedeutet für Arlesheim: Während sich das geschäftliche Leben vor der Sanierung mehr in der Ermitagestrasse und der unteren Hauptstrasse abgespielt hat, so wird man nun vom restaurierten Sundgauerhof eingeladen, in die obere Hauptstrasse einzubiegen. Die gewerblichen Nutzungen im Erdgeschoss werden den Dorfkern an dieser Stelle beleben.

Das Zimmer in der Erdgeschoss-Südwestecke wird das Andenken an die Kreativität der ehemaligen Bewohner, der Familie von Urs Kunz, wach halten. Das Deckenbild wurde von den Hausbewohnern selbst geschaffen, ebenso die Tapete. Diese wurde mit einer eigens konstruierten Tapetendruckmaschiene hergestellt. Leider konnte die Wandbekleidung nicht als Ganzes erhalten werden, aber ein hinter Glas gesichertes Fragment hat überdauert.

1

2

1 Wohnhaus EG,
als Verkaufsraum und
Café Bio-Beck

2 Derselbe Raum,
Bereich Verkaufslokal
vor der Restaurierung

Obergeschoss, Dachgeschoss

Neben gravierender Rohbaueingriffe bei der Tragwerksanierung der Fundamente, der Balkenlagen und der Dachkonstruktion waren gleichzeitig bestehende verletzliche Teile und fertige Oberflächen zu erhalten: zum Beispiel im Obergeschoss die bemalte Balkendecke des repräsentativen Saals, Stuckdecken, der Mosaikbodenbelag oder die profilierten Türfutter. Gute Schutzvorrichtungen allein reichten nicht aus – alle beteiligten Handwerker mussten ganz besondere Vorsicht walten lassen.

Eine Herausforderung in planerischer Hinsicht, aber dann auch in der technischen Umsetzung auf der Baustelle stellte die Ausbildung der Trenndecke zwischen der gewerblichen Nutzung des Verkaufslokals im Erdgeschoss und der Wohnnutzung des Obergeschosses im Wohnhaus dar.

Dieses Bauteil musste nicht nur der Anforderung der Denkmalpflege nach Substanzerhalt der historischen Balkenlagen, Schieb- und Fussböden gerecht werden, sondern auch den Bestimmungen des Brand- und Schallschutzes sowie der Statik genügen. Darüber hinaus war die Entscheidung beim Heizkonzept zugunsten des Einbaus einer Fussbodenheizung gefallen, das heisst, hier musste ein möglichst Aufbauhöhe sparendes System gefunden werden, das sich darüber hinaus mit dem Einbau von Holzdielenböden vereinbaren lässt. Schliesslich sollte der Mosaikplattenbelag im Fussboden des Gangs im Obergeschoss in situ erhalten und nicht angetastet werden.

Diese Rahmenbedingungen führten zum Konzept, oberhalb des Schiebbodens als schalltechnisch entkoppelte Schicht eine neue Balkenlage aus schlanken Stahlträgern auszubilden. Diese völlig ebene und neue Schicht trägt den neuen Fussbodenaufbau, der deshalb speditiv eingebaut werden konnte. Normalerweise muss in historischen Bauten aufwändig geschiftet werden, da die Fussböden meistens stark verformt sind.

Die Fenster

Die bestehenden einfachverglasten Fenster, die im Obergeschoss teilweise vermutlich sogar bis ins 18. Jahrhundert zurückreichen, wurden vorsichtig ausgebaut. Im Zuge ihrer Restaurierung wurde Asbest-Kitt entfernt und repariert, sodass sie ihre Funktion wieder erfüllen können. Schliesslich wurden sie wieder montiert. Zur thermischen Verbesserung wurde bei den Fenstern des Wohnhauses ein zusätzliches Vorfenster mit Vertikalschiebeflügel im Fensterladenfalz der Steingewände angeschlagen. Dieses kann in der warmen Jahreszeit ausgehängt und im Winter wieder eingehängt werden.

Die Fensterläden, Kopien eines im Dachgeschoss aufgefundenen Originalbauteils, wurden als Gratleistenkonstruktionen handwerklich neu hergestellt, ihre Farbigkeit wurde nach dem erhaltenen Befund wiederhergestellt. Zur Verbesserung der Belichtungsverhältnisse im Saal und zur Herstellung von Blickkontakt zu Laube und Hof war das Bedürfnis nach einer neuen Fensteröffnung in der Hoffassade entstanden. An der gewünschten Fensterposition wurde gezielt sondiert, und siehe da: Eine vermauerte frühere Fensteröffnung mit innerem Stichbogen und fassadenseitigen Spuren entfernter Steingewände trat zutage. Die gemauerte Öffnung wurde einfach wieder freigelegt und fassadenseitig baute der Steinmetz neue Kopien von Steingewänden ein.

So zeigt der Saal heute eine Überlagerung von verschiedenen Zeitschichten. Anschaulich machen dies die vier unterschiedlichen Fensterzuschnitte. Am eindrücklichsten aber ist wohl das Element der bemalten, aufwändig restaurierten Decke, die als Spur einer früheren, sehr repräsentativen Nutzung erhalten ist.

Das Dach

Die Dachkonstruktion des Wohnhauses zeigte eine zunächst gravierend erscheinende Schädigung durch Hausbockbefall. Dennoch wurde entschieden, zu reparieren und nicht komplett zu erneuern. Im Verlauf der Restaurierung durch den Zimmermann zeigte sich, dass viel mehr alte Substanz erhalten werden konnte als ursprünglich angenommen.

Jetzt ist im Dachgeschoss ein grosszügiger Schlaf- und Wohnbereich mit frei eingestelltem Bad entstanden. Hier wurden bewusst keine Unterteilungen durch Trennwände vorgenommen. So kann der Raum durch die bestehenden Giebelfenster quer gelüftet werden. Gleichzeitig ist seine ursprüngliche Dimension fassbar und die reparierte historische Dachkonstruktion vollständig sichtbar. Die Belichtungsverhältnisse wurden massgeblich durch zehn Glasziegelfelder in der Dachebene mit darunter in der Dämmebene liegenden inneren Fenstern verbessert.

Der Wohnung zugeordnet ist eine neu entstandene Dachterrasse auf dem Flachdach über dem Zwischenbau, die über einen kleinen Schlupf von der Laube her erschlossen ist. Rankpflanzen werden in Zukunft vor unerwünschten Einblicken schützen.

1 Wohnhaus: Glasziegelfelder mit darunter versteckten Dachflächenfenstern spenden im OG Licht.

1

2

3

2 Wohnhaus: repräsentativer Saal im OG, restauriert

3 Wohnhaus: repräsentativer Saal im OG, während der Restaurierungsarbeiten

1

2

1 Wohnhaus OG: Küche in der Maisonette-Wohnung

2 Wohnhaus OG: erhaltener Mosaikbodenbelag

3 Wohnhaus OG: Blick von der neuen Küche über den Gang zum repräsentativen Saal

3

1

2

3

1 Wohnhaus DG: Loftartiger Ausbau des Daches, Zustand nach Abschluss der Arbeiten

2 Wohnhaus DG: Bauzustand nach Freilegung der historischen Holzkonstruktion vor Reparatur durch den Zimmermann

3 Wohnhaus DG: Inneres Dachflächenfenster mit Blick auf die Dachlattung und die Glasziegel über dem Treppenaufgang vom OG ins DG

1

Scheune, Hof
Die Scheune ist ein archaisch anmutender, verputzter Mauerwerksbau aus Kalkbruchstein mit einem Dachstuhl aus Nadelholz. Zu einem unbekannten Zeitpunkt und aus unbekanntem Grund wurde der Bundbalken des mittleren Dachbinders herausgetrennt – mit gravierenden statischen Folgen. Durch den horizontalen Schub aus dem Dach wurden die Fusspunkte der Dachkonstruktion und das Mauerwerk um 40 cm auseinandergeschoben: ein statischer Totalschaden.

Spuren am Dachtragwerk zeigen, dass zunächst versucht worden war, den Schaden mit einem schwalbenschwanzförmig eingeblatteten Zugbalkenstück einzudämmen. Wohl ohne den gewünschten Erfolg, denn eine Handwerkerrechnung von 1974 belegt schliesslich den Einbau einer Zugstange aus Stahl. Ohne diese Massnahme wäre die Scheune heute wahrscheinlich nicht mehr da.

Der Zufall will es, dass die Firma Metallbau Schlumpf, die vor genau 40 Jahren das Stahlzugband einbaute, nun, im Jahr 2014, den Auftrag für den Einbau eines eingestellten Stahltragwerks erhielt. Dieses Bauteil trägt die Ebene über dem Erdgeschoss, an welches die schrägen Wände angehängt wurden. So konnten die Mauern in ihrem verformten Zustand belassen werden, denn Mauerwerk duldet kein Zusammenziehen.

Beim Scheunentor erforderte die Reparatur des ebenfalls in Schieflage geratenen Torbogens sogar den kontrollierten Ab- und Wiederaufbau. Ansonsten wäre es bei den Reparaturarbeiten am Dach höchstwahrscheinlich in sich zusammengebrochen.

Im Gegensatz zum Mauerwerk konnte die Dachkonstruktion wieder zusammengezogen werden, nachdem ein neuer Bundbalken eingebaut worden war. Auf die Gestaltung des Inneren hatten das erhalten gebliebene Scheunentor, die durch den Innenraum laufenden drei Bundbalken und die bestehenden Wandöffnungen massgeblichen Einfluss.

Der Innenraum
Ansonsten war von der historischen inneren Struktur der Scheune nicht mehr viel vorhanden. Das restaurierte Scheunentor spannt in seinem geöffneten Zustand einen hallenartigen, gedeckten Aussenraum auf. Dieser wird durch die neue Glasfassade des Windfangs begrenzt. Passiert man den neuen Eingang, betritt man eine Zone ohne Geschossdecke mit Luftraum bis zur Dachkonstruktion, sodass man auf einen Blick die gesamte Dimension der Scheune erfahren kann. Dies in Erinnerung an die ursprünglich an dieser Stelle gelegene hohe Wagenschopf-Dreschtenne.

2

Im Inneren des Bauwerks sind neben dem Erdgeschoss zwei neue, zusätzliche Nutzebenen entstanden. Die erste Obergeschossebene steht auf Stützen, die zweite Obergeschossebene liegt auf den Bundbalken auf und bildet gleichzeitig den oberen Abschluss des Windfangs. Die in L-Form ausgebildeten Plattformen sind gegenläufig zueinander gesetzt. Die Ebene über dem Erdgeschoss ist optisch mit einer Fuge von der Wand getrennt. Aber nicht nur aus rein praktischen Gründen; die neue Ebene ist rechtwinklig und gerade, die Scheunenwände aber sind schräg und gewellt. Diese Massnahme bewirkt, dass der Raum grösser wirkt.

Mehr Licht

Ursprünglich hatte dieses Haus nur schiessschartenartige Belüftungsöffnungen für das Heu in den Giebeln, mutmasslich mit Holz gegliederte Öffnungen im Obergeschoss zum Hof hin und kleine Fenster im Bereich des Stalls. Im Zuge der früheren Umnutzung zu einer Schreinerei waren dann grosse Wandöffnungen im Erdgeschoss erstellt worden. Jetzt war eine weitere Öffnung notwendig, um ein Minimum an Belichtungsverbesserung für die oberen Geschosse zu erlangen und um im Sommer das Gebäude quer lüften zu können. Hierzu wurde einer der Giebellichtschlitze zu einer grossen Öffnung geweitet.

Zur Verbesserung der Energiebilanz und der Behaglichkeit wurde innen ein Dämmputz aufgebracht. Das ursprüngliche Bruchsteinmauerwerk ist noch im Bereich der gedeckten Torhalle erlebbar. Ansonsten fanden an der Scheune praktisch keine Eingriffe in die historische Substanz statt.

Welten standen zwischen dem stark sanierungsbedürftigen Sundgauerhof unmittelbar vor der Sanierung und dem jetzt Erreichten. Dem Auftraggeber gebührt Respekt für seine Unerschrockenheit und seine gelassene Art, wie er diese grosse Herausforderung als Bauherr angenommen hat. Als Architekt bin ich dankbar für das grosse Vertrauen, das mir entgegengebracht wurde.

1 Arlesheimer Dachlandschaft, Blick von Westen auf Scheunengiebel, Hof und Wohnhausdach – *Foto: Florian Rauch*

2 Scheune OG: neue Ebene über dem reparierten Bundbalken mit wieder hergestellter Hängesäule

Restaurierungsarbeiten an den Wand- und Deckenmalereien

Gregor Mahrer, Restaurator

Bevor mit den Restaurierungsarbeiten an den Malereien begonnen werden konnte, erfolgten umfassende Untersuchungsarbeiten. Als wir den zweigeteilten Raum im 1. Obergeschoss betraten, hing noch eine abgehängte Gipsdecke an den Balkenlagen und verdeckte die Sicht auf die Malereien. Erst nachdem die Zwischenwand wie auch die abgehängte Gipsdecke entfernt waren, sahen wir das Ausmass der Malereien.

Bei unseren Untersuchungsarbeiten kamen drei verschiedene Malereien, welche übereinander lagen und aus unterschiedlichen Bauphasen stammen, zum Vorschein. Wegen der damals gewählten Malweise und dem damaligen Malmaterial, sowie durch die Jahrhunderte lange Benutzung und Bewirtschaftung des Raumes erlitten alle Malereien Beschädigungen. Zu erkennen waren alle Malereien gleichzeitig, naturgemäss war die jüngste Malerei am besten lesbar und noch recht vollständig.

Malerei in drei Schichten

Die älteste und unterste Bemalung fiel noch recht einfach aus. Die Bretter wie auch die Balken wurden dunkelgrau mit Kalkfarbe gefasst. Anschliessend wurden feine weisse Kalkspritzer aufgetragen, um dadurch eine Struktur zu schaffen. Als Letztes folgte eine einfache Bandeinfassung in schwarz, um so die Deckenfüllungen zu unterteilen.

Als zweite Malphase folgte eine florale Malerei auf hellem Grund mit grauen Begleitbändern und rotem Abschlussstrich. Die Malerei erstreckte sich über die Deckenbretter und die Deckenbalken. Diese florale Malerei lieferte auch die Grundlage für die folgende dritte Bemalungsphase. In dieser Phase wurden auch die Wände mit Graubändern gefasst und unterteilt. Zuletzt folgte die heute sichtbare Balkendecken-Bemalung. Sie ist gleichzeitig auch die aufwändigste und wohl auch künstlerisch bemerkenswerteste Malerei.

Die Deckenbretter wurden mit ockerfarbenen Bändern eingerahmt und die Felder mit grünen floralen Ranken mit grau-schwarzer Umrandung reich verziert. Auch die Balken wurden mit grünen Ranken bemalt, sodass eine einheitliche Deckenmalerei entstand.

Unsere Untersuchungsbefunde zeigten, dass auch die Wände mit grünen Ranken floral dekoriert wurden. Unterhalb der Decke wurden mit ockerfarbenen Bändern Felder geschaffen, die ebenfalls mit floraler Malerei gefüllt wurden. Ein kleiner Teil hat sich erhalten und wurde auch restauriert. Die folgende Restaurierung hatte nun den Anspruch, die oberste Malerei zu retuschieren, ohne aber die darunterliegenden zu überdecken. Es war nicht das Ziel, eine komplette Malerei zu zeigen, es ging vielmehr darum, alle Umbauten, Veränderungen und auch den Alterszustand zu zeigen und zu würdigen. – Entfernt wurden hässliche Installationen, Nägel und alle Elektrokabel. An den Wänden wurden alle jüngeren Verputze bis auf das Original entfernt.

Sichern der Maloberfläche

Der wohl wichtigste Arbeitsgang bei der Restaurierung war das Sichern der schon losen Maloberfläche. Hierzu verwendeten wir Klucel gelöst in Wasser, einen Zelluloseleim, der keine Farbveränderung im Original verursacht, mit Fliessmittel, um damit zwischen die Malerei und den Holzträger zu gelangen. Unter leichtem Druck konnte so die Malerei gesichert und dadurch der Nachwelt erhalten bleiben. Fehlstellen, die bis auf das rohe Holz reichten, wurden im Hintergrundfarbton retuschiert, jeweils bis zur nächsten Rankenmalerei. Die Rankenmalerei wurde nicht retuschiert oder ergänzt, sodass nichts hinzuerfunden werden musste. Die Malerei ist trotz Fehlstellen gut zu verstehen und wird durch das Auge des Betrachters automatisch ergänzt.

Die Wände wurden mit Kalkgrundputz, mit Sumpfkalk und Sand-Abriebverputz im alten Sinne erneuert. Noch erhaltene Putzoberflächen aus der Erbauungszeit sind im neuen Verputz integriert und erhalten geblieben. Die Wände sind nicht wie heute üblich begradigt und ausgeglichen, sondern sie nehmen die natürliche Mauerbewegung auf und vermitteln dadurch den Eindruck des ursprünglichen Raumes. Die Malerei an den Wänden wurde, wo sichtbar, leicht retuschiert, die Flächen sind wie einst mit Kalkfarbe gestrichen.

Wir sind der Meinung, dass dank des Wohlwollens des Bauherrn, unter Aufsicht und Begleitung der Baselbieter Denkmalpflege und des Architekten eine schöne Restaurierung gelungen ist, welche dem Betrachter eine Vorstellung vom einstigen Wohnen vermittelt.

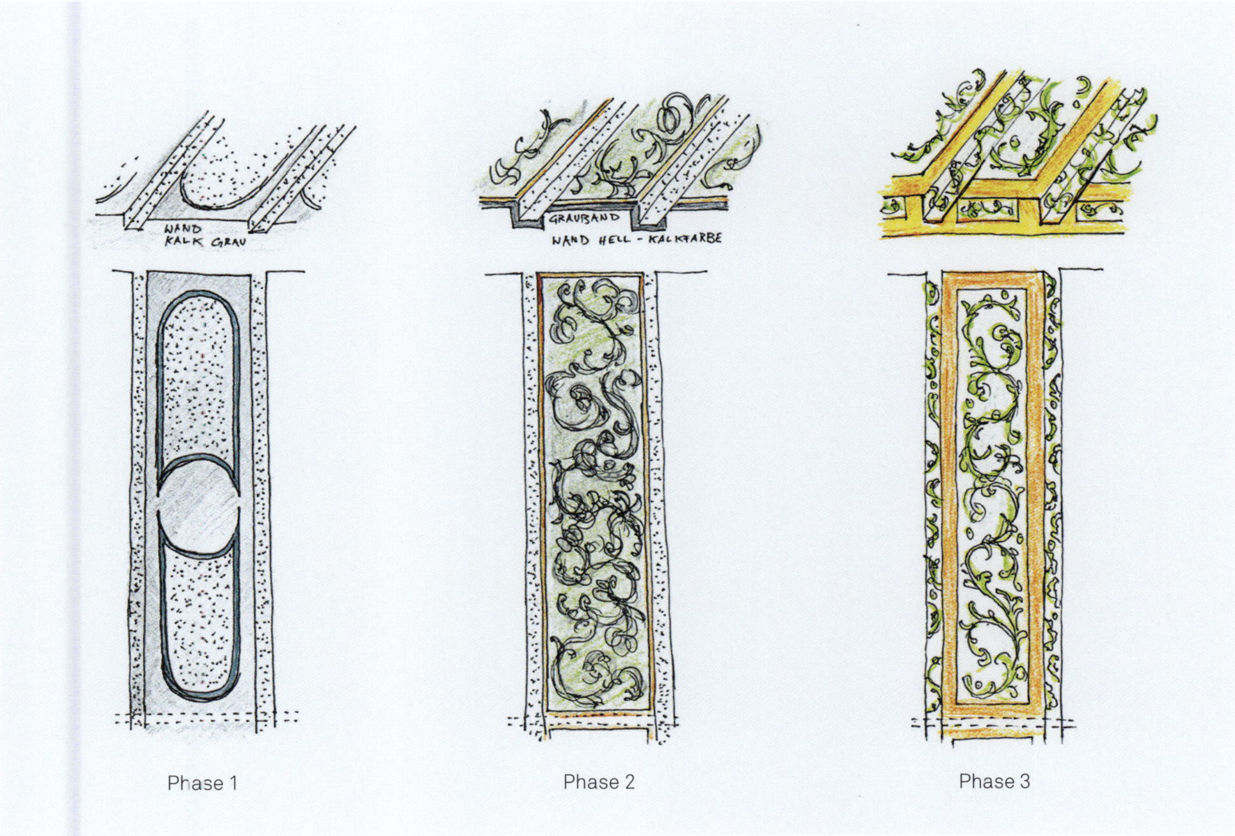

1

2

3

1 Die Abfolge der Deckenmalereien gemäss den Analysen des Restaurators – *Zeichnung: Gregor Mahrer*

2 Wohnhaus OG: Decke, Zustand vor der Restaurierung

3 Wohnhaus OG: Decke, Zustand nach der Restaurierung

1

2

STEINMETZ

Ein Haus mit Geschichte(n)

Markus Böhmer, Bildhauer und Steinmetz

Der Beginn

Ein Haus, älter als der Arlesheimer Dom! Ich war begeistert, als ich den Sundgauerhof zum ersten Mal sah. Böden, Decken, Wandpartien waren schon teilweise geöffnet, von jüngeren Schichten befreit worden und liessen Einblicke auf die Originalsubstanz zu. Hier gab es viel zu tun, um aus einem verwohnten, rissigen, verschobenen Bauwesen ein atmendes, funktionstüchtiges Ganzes werden zu lassen und gleichzeitig die Gebrauchs- und Alterungsspuren dieses Altbaus zu respektieren.

Der Torbogen

Ein wunderschönes Bauelement ist der Torbogen in der Scheunenwand. Augenfällig war, dass er und die umgebende Wand sehr stark nach aussen gebaucht waren. – Vor Jahrzehnten muss jemand gedacht haben: Ich brauche Platz in der Scheune und säge einfach den Balken weg, der den Raum querteilt. Dieser Balken hatte aber dafür gesorgt, dass Schubkräfte der Dachkonstruktion den Wänden nichts anhaben konnten. Wäre später nicht eine Zugstange aus Stahl eingebaut worden, wäre das Gebäude eingestürzt.

Um aus einem Altbau keinen Neubau zu machen, sollte möglichst wenig an der Substanz verändert werden. Das Ziel bei dieser Scheune war aber auch, dass das Eichentor wieder funktionieren würde. In Absprache mit Denkmalpflege und Architekt fiel die Entscheidung, den Bogen abzubauen, von alten, schwarzen Zementflicken zu befreien und senkrecht wieder aufzubauen. Die bestehenden Widerlager der Scheuendrehangeln waren bis zur Unkenntlichkeit verrostet. Das Terrain sollte nach Bauende tiefer liegen als der alte Scheunenboden. Mit der Anfertigung von neuen Widerlagern aus Stein und dem Einlassen von Bronzelagern in dieselben waren die Probleme des abgesenkten Terrains und der verrosteten Widerlager gelöst.

Einen Bogen ab- und wiederaufbauen ist eine wunderbare, eher seltene Arbeit. Ein normales Fenster besteht aus waagrechten und senkrechten Elementen, aus der Fensterbank unten, den Gewänden links und rechts und dem Sturz oben. Bei einem Bogen gehen die senkrechten Bausteine im unteren Bereich fliessend in die waagrechten Steine im oberen Bereich über. Ohne ein Lehrgerüst, welches die Steine von unten stützt, lässt sich ein Bogen nicht errichten und solange der Schlussstein ganz oben in der Mitte nicht an seinem Platz sitzt, würde der Bogen nie halten. Entsprechend freudig war der Moment, in dem ich den am Flaschenzug hängenden Schlussstein an seinen dominanten Ort senken konnte.

Das Wohnhaus

Die Fassade war irgendwann so stark mit mindestens einer weiteren Putzschicht versehen worden, dass die Fenstereinfassungen (die oben erwähnten Bänke, Gewände und Stürze), hinter diese Putzschicht zurücktraten, sozusagen «abgesoffen» wirkten. Um diese Wirkung

3

6

4

5

1 Scheune: Tor und Bogen vor der Renovation – *Foto: Markus Böhmer*

2 Widerlager vor der Renovation – *Foto: Markus Böhmer*

3 Ein neues Widerlager in Bronze

4 Markus Böhmer beim Versetzen der Steine an das Lehrgerüst

5 Torbogen mit Lehrgerüst, nach dem Versetzen und Ausmauern der Felder oberhalb des Bogens mit original Bruchsteinen

6 Die renovierten Fenster des Wohnhauses

aufzufangen, hatten frühere Handwerker die Einfassungsoberflächen abgespitzt und mit einem sehr harten, glasigen Zementmörtel versehen. Dieser war netzartig gerissen. Zum Teil war der Naturstein unter den Zementflicken verrottet und versandet. An vielen Stellen waren Fensterkloben gerostet und hatten ganze Gewändeteile abgesprengt.

Ich habe alle Steinflächen durch Ablaugen von alten Farbschichten befreit. Darunter kamen sehr schöne originale Bearbeitungen zum Vorschein. Die glasigen Zementmörtelbeschichtungen habe ich alle weggehauen, die Oberflächen darunter gereinigt, aufgerauht und mit einem auf den Naturstein abgestimmten Mörtel so weit aufmodelliert, dass die Gewände jetzt wieder über den Fassadenputz überstehen und der Fassade Tiefe geben. Der alte Zementmörtel war spiegelglatt gewesen und passte dadurch noch weniger zu seiner Natursteinnachbarschaft. Um neue Aufmodellierungen und Originalsteine passend zu gestalten, habe ich den Mörtel im frischen Zustand entsprechend bearbeitet.

Die Fensterladenkloben habe ich nummeriert und ausgebohrt. In der Werkstatt trennte ich dann den Teil, der am Bau im Stein steckt, ab und ersetzte ihn durch Chromstahl. Die Kloben stammen aus vorindustrieller Zeit und sehen sehr unterschiedlich aus. Die Wiederverwendung der Kloben mit ihren kleinen und grossen Unterschieden, mindestens im sichtbaren Bereich, trägt dazu bei, das Flair des alten Gebäudes zu wahren.

Im ersten Stock auf der Hofseite, links der Aussentreppe, waren beim Wandöffnen Spuren zum Vorschein gekommen, die darauf schliessen liessen, dass hier früher ein Fenster eingebaut war. Dieses Fenster habe ich neu gehauen und versetzt. Die Profildimensionen habe ich von den Nachbarfenstern abgenommen.

Die Zusammenarbeit mit all den anderen Handwerkern auf der Baustelle hat mir riesige Freude bereitet. Das war ein wohlwollendes Miteinander und ich werde diese Zeit in guter Erinnerung behalten.

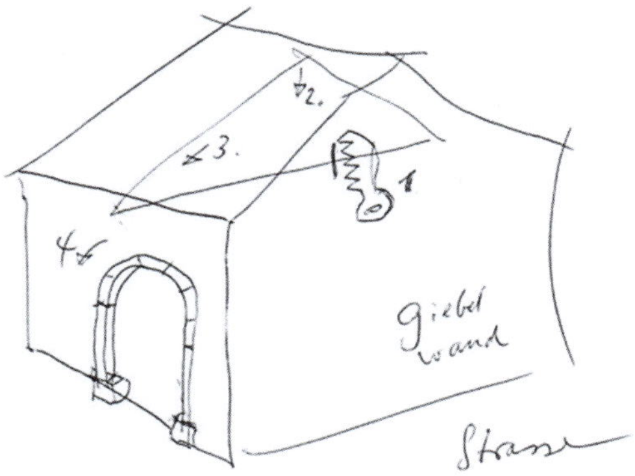

(1) Der Zugbalken wurde durchgesägt. (2) Das Gewicht des Daches drückte (3) die Seitenwände nach aussen. (4) Dadurch stand der Torbogen in der Seitenwand schief. – *Zeichnung: Markus Böhmer*

1

2

1 Dachkonstruktion Scheune: Kappen des Bundbalkens führte zu gravierenden statischen Schäden. Seilzugapparat führt Dachkonstruktion in ursprüngliche Ausgangslage zurück (vgl. Zeichnung S. 33).

2 Dachkonstruktion Wohnhaus: Reparaturstelle im Bereich des Dachfusses. Herausforderung: trotz Tragwerkreparatur intakte Stuckdecke im Obergeschoss darunter bewahren.

ZIMMERMANN

Konstruktionen in Holz

Ambrosius Widmer, Meister und Restaurator im Zimmererhandwerk

Bestand

Das Wohnhaus des Sundgauerhofs zeigt sich im Äussern als gemauerter Bau mit Satteldach. Traditionsgemäss ist der konstruktive Innenausbau in Holz erstellt. Dazu zählen die horizontalen Ebenen mit den Balkenlagen und ihren dazwischen eingebauten Schiebe- und Gehböden. Dazu gehören auch die Binnenwände in Gerüstkonstruktionen mit ausgemauerten Gefachen. Obenauf sitzt das Dachwerk. Es besteht aus einem Sparrendach mit Kehlbalkenlage und einem unterstellten Dachstuhl mit vier Sprengwerkbünden. Grossmehrheitlich ist das gesamte Holzwerk in Nadelholz abgezimmert. Dachschwellen und die Deckenbalkenlagen über dem Keller und dem Erdgeschoss sind aus Eichenholz. Hofseitig befindet sich eine Laube, welche auch zur Erschliessung des Obergeschosses dient.

Auch die Scheune zeigt einen gemauerten Baukörper. Binnenkonstruktionen, das Dachwerk sowie das grosse Tor sind in Nadelholz erstellt. Das Dachwerk der Scheune zeigt ein Sparrendach mit Kehlbalkenlage in neun Sparrengebinden sowie einen unterbauten Dachstuhl mit drei Sprengwerkbünden. Der mittlere Stuhlbinder ist mit einem einfachen Hängewerk verstärkt. Um den Sparrenfuss und die Trauffassaden gegen das Wetter zu schützen, sind im Sparrenfussbereich Aufschieblinge aufgesetzt. Auffallend an der Scheune ist der grosse gemauerte Torbogen mit einem zweiflügligen Scheunentor. Mittig angeordnet besteht in der unteren Torhälfte eine Mannstür für den Alltagsgebrauch. Auf der Innenseite zeigen die Torflügel ihre Konstruktion.

Schäden

Schäden an den Holzkonstruktionen am Wohnhaus: Fäulnisschäden in den Wandauflagern der Kellerbalkenlage und an den Stützen der Unterzüge, starker Durchhang der Deckenbalkenlagen im Erd- und ersten Obergeschoss, mit einzelnen kleinen Brüchen. Im Dachwerk wirkte in den ersten Jahrzehnten nach dessen Errichtung der Hausbock. Seine Spuren sind die offenen Frassgänge. Durch undichte Dachstellen gelangte Regenwasser an das Dachwerk, was zu Wasserschäden mit Fäulnisfolgen führte.

Der grösste Schaden am Dachwerk der Scheune wurde mit dem Herausschneiden des Bundbalkens und dem Ausbau des Hängewerkes im mittleren Dachstuhlbund verursacht. Das Dachwerk spreizte sich und die Zapfenverbindungen waren nicht mehr gefügt. Zudem wurde die Dachdeckung undicht, was zu Wasserschäden mit Fäulnisfolgen führte. Mit den Schäden am Dachwerk ergaben sich folglich Schäden am Torbogen durch Verformungen. Diese Verformungen übertrugen sich auch auf die beiden Torflügel.

Restaurierungen

Das «Credo am Bau» beim Umgang mit dem Bestand an Haus und Scheune hiess: «So viel wie nötig, so wenig wie möglich.» So wurde am Bestand nur die statisch relevanten Bauteile repariert, das heisst ergänzt, ersetzt und/oder verstärkt. So helfen heute verschiedene subtil eingebaute Hilfskonstruktionen die Lasten abzutragen. Andere Holzbauteile wurden ebenso subtil mit Repara-

QUERSCHNITT A – A
DACHWERK WOHNHAUS

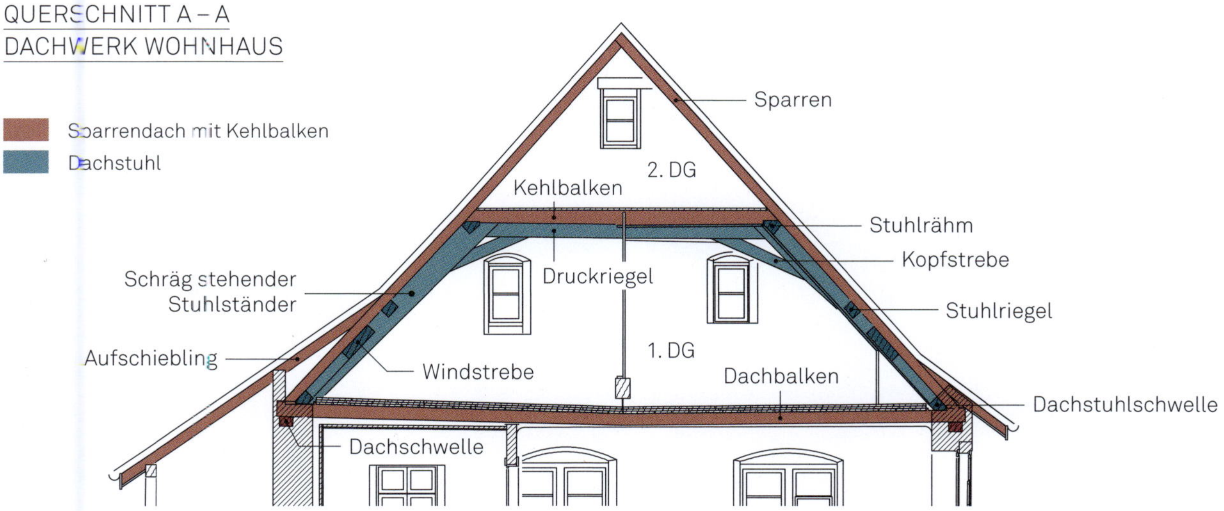

QUERSCHNITT A – A
DACHWERK SCHEUNE

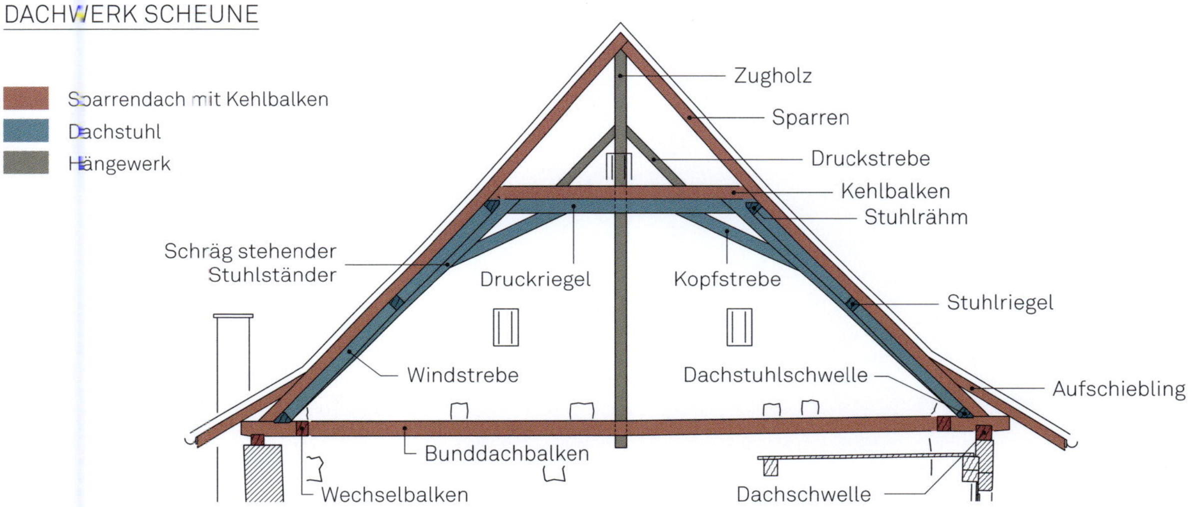

turteilen ergänzt, sodass sie für weitere Generationen ertüchtigt sind. Ein Reparaturbeispiel sei hier kurz erläutert. Bei zwei bemalten Dach-/Deckenbalken in der grossen Stube im Obergeschoss war die Reparatur eine grosse Herausforderung. Das An- und Einsetzen des Reparaturstückes erfolgte im Innern des Deckenbalkens. Somit ist die Reparatur aussen kaum erkennbar. Im Dachwerk waren verschiedene Reparaturen am Dachstuhl und an den Sparren zu tätigen. Ersetzen der Kopf- und/oder Fusspartien war bei fast allen Sparren nötig. Bei der Wangentreppe vom ersten in den zweiten Dachboden wurden die ausgelaufenen und zum Teil weggebrochenen, eingeschobenen Tritte durch neue ersetzt. Der hölzerne Antritt besteht weiter. Die hofseitige Trauflaube wurde bezüglich ihrer Standfestigkeit in Ordnung gebracht. Ein Drittel des Lauberrähmbalkens musste gegen Norden hin erneuert werden. Kleinreparaturen gab es noch an der Brüstungsschalung. Als Grundlage der Dachdeckung dienen die neuen hofseitigen Aufschieblinge des Dachwerkes.

Die Reparatur- und Instandsetzungsarbeiten am Dachwerk der Scheune waren sehr umfangreich. Die beiden Dachschwellen wurden ersetzt und der Mittelbund mit einem neuen Bundbalken und Hängewerk wieder komplettiert. Mit dem Instandsetzen der Basis des Dachwerkes, der Schwellen und der Dachbalkenlage mit Bundbalken, Dachbalkensticher und Dachbalkenwechsel, wurde der Dachstuhl auch wieder in seine angestammte Position gebracht. Weitere kleine Reparaturen bei Fäulnisstellen am Dachstuhl und an den Sparren waren nötig. Zudem erfuhr das kleine Fachwerkgerüst unter der Dachschwelle, zwischen Scheunentor und Giebelwand Nordwest, eine Grossreparatur. Zuletzt wurde noch das grosse Scheunentor instand gesetzt.

Die neuen Bewohner

Die Scheune Arlesheim

Erzählt von Tina Kornfeld, Pilatestrainerin, Gedächtnistrainerin, Kulturveranstalterin, aufgezeichnet von Jürg Seiberth

Zwischen Hannover und Hamburg, im hohen Norden, ist Tina Kornfeld aufgewachsen. Seit zwölf Jahren lebt sie in der Schweiz. Ihr ästhetisches Empfinden ist geprägt von nordischen Eindrücken, von klaren Farben und Formen: Himmel, Dünen, Gräser, verwittertes Holz, Mauern, die alte Geschichten erzählen, Leinen, helle Farben in verschiedenen Abstufungen. Sie suchte lange nach einer neuen Wirkungsstätte und ihr schwebte ein alter Bauernhof vor, ein Bauernhof ohne Tiere allerdings. Und es gab da eine Gemeinde, in der sie sich sehr wohl fühlte: Arlesheim. Sie sah dort viel Grün, die wunderbare Ermitage und sie traf weltoffene Menschen, Freigeister und Kreative.

Die Ausschreibung des Sundgauerhofs sprach sie deshalb sofort an: eine Scheune in Arlesheim. Genau das, was sie für ihre Aktivitäten suchte, für Pilates, Gedächtnistraining und Kulturvermittlung. Als sie Danyel Martz auf der Baustelle traf, erkannten beide schnell, dass ihre gegenseitigen Erwartungen hervorragend zusammenpassten. Die Scheune war und ist für Tina Kornfeld ein Ort der Kraft und ein Ort der Elastizität. Ein Ort der Kraft, weil sie seit zwei Jahrhunderten hartnäckig hier steht; ein Ort der Elastizität, weil sie sich den Erfordernissen der Zeit immer wieder anpassen liess und weil sich ihre Funktionen wandelten. Tina Kornfeld gefällt, dass im Projekt Sundgauerhof das Alte und das Neue geehrt wird.

Die Scheune als Reaktor

Tina Kornfeld möchte aus der Scheune einen Ort des Wohlgefühls machen. Alle Aktivitäten in der Scheune sollen derselben Idee verpflichtet sein: dem Dreschen. Jeder Mensch hat einen authentischen Kern. Wer ihn freilegen kann, strotzt vor Energie. Die Scheune ist Trainingsort, Veranstaltungsraum, Kurslokal und Geniesserlounge. Im Pilatestraining wird geschwitzt und Kraft gebündelt, im Gedächtnistraining werden Merkfähigkeit, Konzentration und Wahrnehmung geschult, bei den Scheunentalks vermitteln Künstler und Wissenschaftler ihre Begeisterung für besondere Themen.

Sie möchte aus der Scheune einen Reaktor machen. Hier soll die Fusion von Wissen, Genuss und Bewegung reine Energie erzeugen. Wer die Scheune verlässt, soll aufrecht gehen. Wer die Scheune verlässt, soll einen Schwips haben, soll mehr wissen, soll voller Tatendrang sein, soll Lust haben, einen Schritt weiter zu gehen, soll Muskelkater haben. Tina Kornfeld freut sich darauf, Gäste in der Scheune zu begrüssen, aber Achtung: In der Scheune kann sich das Leben verändern.

1 – 3

1 – 3 Tina Kornfelds Scheune: Pilates, Gedächtnistraining und Kulturveranstaltungen – *Foto 2 und 3: Tina Kornfeld*

Holzofenbäckerei Bio Andreas

Roland Häusler, Bäcker, Konditor, Confisseur, Geschäftsführer

Wir sind seit ein paar Jahren mit grossem Erfolg am Bauernmarkt in Arlesheim. Als wir Danyel Martz trafen, funkte es sofort. Unser Konzept gefiel ihm auf Anhieb. Wir machten einen Vertrag und am 3. März 2015 eröffneten wir ohne viel Wirbel. Trotzdem überrannten uns die Neugierigen förmlich.

Schreinerei aus Grindelwald

Der Ladenbauer, mit dem wir ganz am Anfang die Räume besichtigten, meinte, in diesem Haus könne man kein Café machen, weil da nichts normgerecht sei. Da sprachen wir mit Bruno Kaufmann aus Grindelwald (Schreinerei Harmonie Holz). Er war sofort Feuer und Flamme für das Projekt. Die Tische, die Lampen und einige Sessel sind liebevoll renovierte Einzelstücke aus seiner Antiquitätensammlung. Die Stühle sind neu, den Schrank in der Küche und den sogenannten Affenfelsen hat er massgeschreinert. Der Affenfelsen ist ein ganz besonderes Stück im kleinen Gastraum; er ist multifunktional, man kann darauf sitzen, er bietet Stauraum und er ist auch noch ein Trassee für die Holzmodelleisenbahn. Bruno Kaufmann ist ein Meister im Finden und Zusammenstellen.

Die Holzofenbäckerei belegt das Erdgeschoss im ehemaligen Wohngebäude des Sundgauerhofs. Es gibt einen Gastraum mit Verkaufstheke, einen zweiten kleinen Gastraum, die Küche und den Boulevard im Hof. Etwa dreissig Gäste finden Platz. Sie bestellen an der Theke, bezahlen, nehmen ihr Getränk mit und setzen sich an ihren Platz. Das Essen wird in der Küche zubereitet und an den Tisch gebracht. Es arbeiten hier vier Personen. Die Gäste dürfen in unseren Räumen ruhig eine Weile sitzen bleiben, in einer Zeitung blättern oder in einem Buch lesen. Hier wird niemand gedrängt.

Laden und Café

Unser Kerngeschäft ist der Laden, Kaffee, Brot, Gebäck. Wir bieten auch ein vegetarisches Mittagessen an: Backwaren aus dem Holzofen (zum Beispiel Gemüsestrudel, vegetarische Lasagne, Flammenkuchen), garniert mit frischem Salat, Suppe oder Baked Potatoes. Dazu gibt es Trottenmost, selber gemachten Eistee und alkoholische Getränke. Süsse Konditoreiwaren, zum Beispiel Crèmeschnitten, gibt es allerdings bei uns nicht. Aber dafür im Sommer selber gemachte Glacé mit ganz speziellen Aromen, ohne Konservierungsstoffe, produziert mit einer Maschine, die 35 Jahre alt ist. Und es gibt auch Weihnachtsgutzi, Knäckebrot und Müesli, alles aus dem Holzofen.

4 – 5

4 Verkaufsraum und Café
5 «Die gute Stube»

Wir legen sehr grossen Wert auf die Qualität und auf die regionale Provenienz der verwendeten Nahrungsmittel und auf die Art der Zubereitung. Unser wichtigstes Produktionsmittel sind natürlich die beiden Holzöfen, die in Allschwil stehen. Gebacken wird ausschliesslich mit Holz. Die Öfen sind direktgefeuert, was in der Schweiz sehr selten ist. Die Backkammer wird neunzig Minuten lang vorgeheizt, dann wird die Kohle ausgeräumt und die Backwaren kommen in dieselbe Kammer. Das Backen mit Holz wirkt sich auf den Geschmack aus: Die Teige müssen anders zubereitet werden, das Holz ist nicht immer gleich, man schmeckt zum Beispiel Witterungseinflüsse. Wir haben auch eine sehr spezielle Kolbenkaffeemaschine. Sie ist nicht leicht zu bedienen, aber sie liefert einen absoluten Spitzenkaffee.

Wir freuen uns auf unsere Gäste.

Grundrisse

DACHGESCHOSS

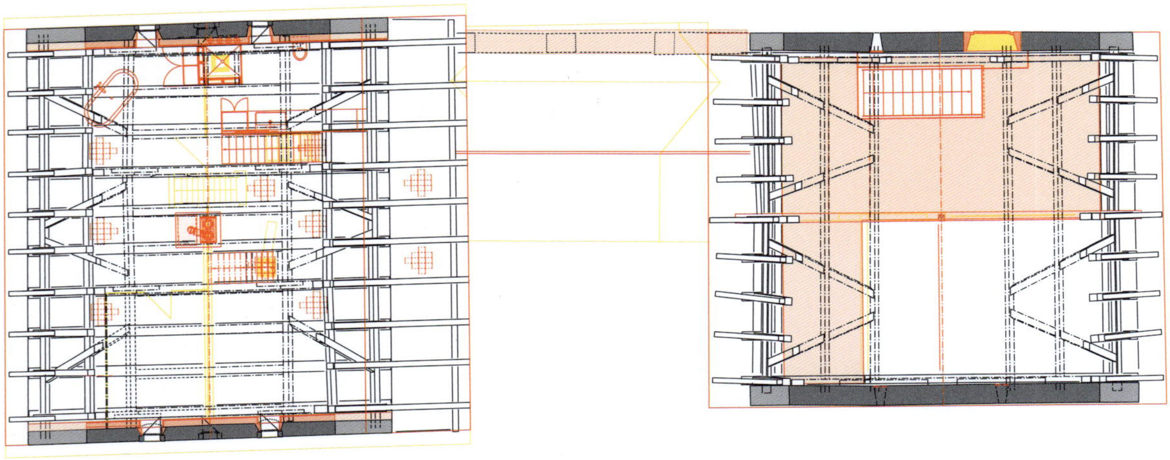

OBERGESCHOSS

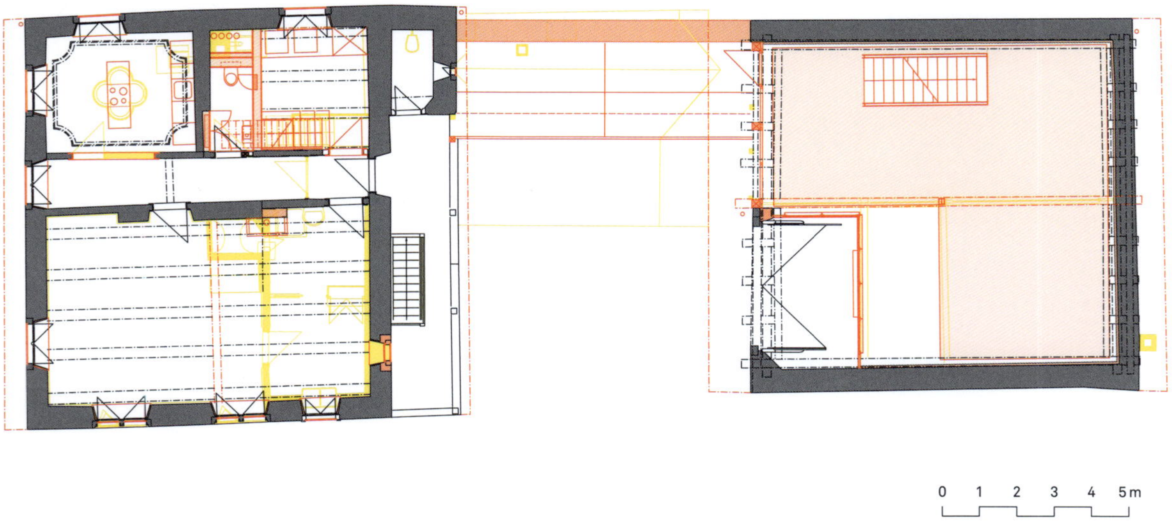

Bestand
Abbruch
Neu

	Arlesheim	Sundgauerhof
1830 – 1833	Bürgerkrieg, Kantonstrennung. (HK)	
1830	Schappe zieht von Basel nach Arlesheim; erste Fabrik im Baselbiet. (HK)	
1850		Dokumentierte Hausteilung zwischen Alois Leuthardt und Johannes Leuthardt. (A)
1873	Kulturkampf. Versammlung der neu gegründeten Christkatholiken in Arlesheim wird von römisch-Katholiken gestört. Einsatz von Oberbaselbieter Soldaten. (HK)	
1875	Eröffnung Jurabahn. Bahnstation «Dornach-Arlesheim». (HK)	
1898	Aufnahme ins Stromnetz der Elektra Birseck. (HK)	
1900	Arlesheim zählt 1599 Einwohner. (HK)	
1902	Birseckbahn nimmt Betrieb auf. Wirtschaftlicher Aufschwung. (HK)	
1912	Reformierte Kirche wird fertiggestellt. (HK)	
1914	Domplatzschulhaus wird fertig. Statt der Kinder ziehen die Soldaten ein.	
1914 – 1918	Erster Weltkrieg.	
1939 – 1945	Zweiter Weltkrieg.	
Ab ca. 1945		Rosa und Friedrich Kunz-Leuthardt wohnen im Sundgauerhof. (A)
1949		Dach- und Fassadenrenovation, sanitäre Anlagen, Kanalisation, Zimmerarbeiten, Malerarbeiten. (A)
1950	Arlesheim zählt 3875 Einwohner.	
1953	Einweihung des Schwimmbades. (GG)	
1960	Arlesheim zählt 5219 Einwohner. (HK)	
1961	Realschulhaus wird eingeweiht. (HK)	
1962	Jugendmusikschule wird gegründet. (HK)	
1965	Primarschulhaus Gerenmatte I wird eröffnet. (HK)	
1967		Kaufvertrag Erbengemeinschaft Bertha Leuthardt-Murer an Friedrich Kunz-Leuthardt. (A, Amtsblatt vom 2.3.1967). – Urs und Beatrice Kunz mit den Kindern Baptiste, Rébecca, Eva und David ziehen ein. (SuA S. 12)
1970	Arlesheim zählt 8038 Einwohner. (HK)	
1973	Primarschulhaus Gerenmatte II wird eröffnet.	
1974		Sanierung der Scheune, Zugstange wird montiert. (SuA S. 28, 32, 33, 34)
1977	Schappe wird geschlossen.	
1978		28.11.1978: Aufnahme des Sundgauerhofs ins Inventar geschützter Baudenkmäler durch Regierungsrat BL. (A)
1980	Arlesheim zählt 8224 Einwohner. (GG)	
1980 – 1981	Renovation Dom und Neugestaltung Domplatz.	
1980 – 1984	Migros-Einkaufszentrum im Schappeareal wird verhindert. Bundesgerichtsurteil 1984. (GG)	
1981	Eröffnung Ortsmuseum Trotte.	
1982	Eröffnung Autobahn T-18.	
1986		Urs Kunz erwirbt den Sundgauerhof gemäss Erbteilungsvertrag vom 17.6.1986. (A)
1989	Scheune Hofgut Andlauerhof brennt. (GG)	
1990	Arlesheim zählt 8293 Einwohner. (GG)	
1999	Ökonomiegebäude Badhof brennt nieder.	
2012		Danyel Martz erwirbt den Sundgauerhof von Urs Kunz. (SuA S. 5)
2015	Arlesheim zählt 9168 Einwohner. (ST)	
2013 – 2015		Renovation des Sundgauerhofs.

Quellen:
Heimatkunde Arlesheim, Liestal 1993 (HK)
Sütterlin, Georg: Heimatkunde des Dorfes und Pfarrei Arlesheim, Arlesheim 1910 (GS)
Arlesheim im 20. Jahrhundert. Geschichten und Gesichter. Hrsg. Von der Säulizunft Arlesheim, 2009 (GG)
www.statistik.bl.ch (ST)
Sundgauerhof Arlesheim, Arlesheim 2015 (SuA)
Archiv Danyel Martz (A)

Verzeichnis der Mitwirkenden

Bauherrschaft		
Bauherr	Adagio AG – Danyel, Michael und Alexander Martz	Arlesheim
Projektbegleiter	Heinz Burgener	Arlesheim
Begleitende Behörden		
Denkmalpflege	Amt für Raumplanung BL	Liestal
Archäologie	Amt für Kultur BL	Liestal
Bauverwaltung	Gemeinde Arlesheim	Arlesheim
Planungsteam		
Architektur, Bauleitung	bau kultur landschaft florian rauch	Basel
Mitarbeit Architektur	Stefano Marzo, Hanspeter Weidmann	Basel
Bauleitung	Carmen Glaser Architektur	Arlesheim
Bauingenieur	Rapp AG	Basel
HLK-Ingenieur	Beat Joss & Partner	Basel
Elektroingenieur	Edeco AG	Aesch
Sanitäringenieur	FESTA engineering GmbH	Basel
Schadstoffuntersuchung	Carbotech AG	Binningen
Akustik	Büro für Bau- und Raumakustik Lienhard	Langenbruck
Bauphysiker	Zimmermann + Leuthe	Aetigkofen
Geometer	Jermann Ingenieure + Geometer AG	Arlesheim
Restaurator Zimmererhandwerk	Ambrosius Widmer	Sarnen
Rohbau		
Tiefbau	Durtschi AG	Muttenz
Gerüstbau	Kapulica AG	Reinach
Baumeisterarbeiten	Stamm Bau AG	Arlesheim
Holzbau	Stamm Bau AG	Arlesheim
Steinmetz	Markus Böhmer	Basel
Metallbau, Stahlbau	Gebrüder Schlumpf AG	Aesch
Dichtungen und Dämmungen	A+B Flachdach	Basel
Spenglerarbeiten	Gebrüder Ziegler AG	Basel
Brandschutz	Roth AG	Lausen, Gerlafingen
Fenster, Türen in Holz	Holzmanufaktur Swiss AG	Hunzenschwil
Verputzarbeiten	Spirig Verputz- und Steinarbeiten	Birsfelden
Haustechnik		
Erdwärmebohrungen	Terracalor AG	Muttenz
Heinzung, Lüftung, Klima	Kalbermatten AG	Arlesheim
Elektroanlagen	Pevo GmbH	Arlesheim
Sanitäranlagen	Gauch Haustechnik	Arlesheim
Kälteanlagen	Creativ Kälte GmbH	Steinhausen
Stromnetz	EBM	Münchenstein
Gasleitungsnetz	IWB	Basel
Leitungsbau	Swisscom	Basel
Kabelfernsehen	WD Regionet AG	Balsthal
Ausbau		
Gipserarbeiten	Tango Gipser GmbH	Münchenstein
Unterlagsböden	Mohler-Nager + Co AG	Pratteln
Bodenbeläge, Plattenarbeiten	Roger Bannier	Münchenstein
Bodenbeläge in Holz	Stücker AG	Reinach
Kücheneinrichtungen	Bard AG	Münchenstein
Ausstattung Bäckerei	Harmonie Holz	Grindelwald
Schreinerarbeiten, Innentüren	Alois Schmidlin AG	Arlesheim
Malerarbeiten	Alispach Malergeschäft AG	Arlesheim
Restaurator Farbe, Malerarbeiten	Gregor Mahrer	Witterswil
Hafnerarbeiten	Everest Wohnbau GmbH	Reinach
Schliessanlagen	Grieder GmbH, Schliess- und Sicherheitstechnik	Reinach
Briefkästen	Kehrer Stebler AG	Oensingen
Baureinigung	Kink Hauswartungen GmbH	Arlesheim
Umgebung		
Gartenbau, Saibrobelag	Daniel Baumgartner AG	Ziefen
Pflästerungen	Hanspeter Künti	Reinach